DIRIGINDO COM PLATÃO

Robert Rowland Smith

DIRIGINDO COM PLATÃO
O significado dos marcos da vida

Tradução
Hugo Machado

Título original
DRIVING WITH PLATO:
THE MEANING OF LIFE'S MILESTONES

Copyright © Robert Rowland Smith Ltd, 20th

O direito moral do autor foi assegurado.

A seguir, material protegido pela lei do direito autoral, reproduzido aqui como:
Página 34: Steely Dan, 'My Old School', by Donald Fagen e Walter Becker
© 1973 MCA Music Publishing, A Division of Universal Studios, Inc (ASCAP).
Todos os direitos reservados.
Página 150: Philip Larkin, 'This be the verse', de Collected Poems by Philip Larkin
© Espólio de Philip Larkin e Faber and Faber Ltd.
Página 207: William Empson, 'To an Old Lady', (1928); de The Complete Poems of
William Empson, ed. John Haffenden, Londres, Allen Lane, 2000, p. 24.

Todos os direitos reservados. Nenhuma parte desta obra pode ser reproduzida ou transmitida por qualquer forma ou meio eletrônico ou mecânico, inclusive fotocópia, gravação ou sistema de armazenagem e recuperação de informação, sem a permissão escrita do editor.

Direitos para a língua portuguesa reservados
com exclusividade para o Brasil à
EDITORA ROCCO LTDA.
Av. Presidente Wilson, 231 – 8º andar
20030-021 – Rio de Janeiro – RJ
Tel.: (21) 3525-2000 – Fax: (21) 3525-2001
rocco@rocco.com.br
www.rocco.com.br

Printed in Brazil/Impresso no Brasil

Preparação de originais
MAIRA PARULA

CIP-Brasil. Catalogação na fonte.
Sindicato Nacional dos Editores de Livros, RJ.

S646d	Smith, Robert Rowland
	Dirigindo com Platão: o significado dos marcos da vida / Robert Rowland Smith; tradução de Hugo Machado. – Rio de Janeiro: Rocco, 2012.
	Tradução de: Driving with Plato: the meaning of life's milestones
	ISBN 978-85-325-2770-7
	1. Vida. 2. Mudança de vida. 3. Significação (Filosofia). 4. Filosofia. I. Título.
12-2513	CDD – 128
	CDU – 128

Para Zoë, Esther e Eden,
com o passar do tempo

O mundo é um palco; os homens e as mulheres,
meros artistas, que entram nele e saem.
Muitos papéis cada um tem no seu tempo:
sete atos, sete idades. Na primeira,
no braço da ama grita e baba o infante.
O escolar lamuriento, após, com a mala,
de rosto matinal, como serpente
se arrasta para a escola, a contragosto.
O amante vem depois, fornalha acesa,
celebrando em balada dolorida
as sobrancelhas da mulher amada.
A seguir, estadeia-se o soldado,
cheio de juras feitas sem propósito,
com barba de leopardo, mui zeloso
nos pontos de honra, a questionar sem causa,
que a falaz glória busca
até mesmo na boca dos canhões.
Segue-se o juiz, com o ventre bem forrado
de cevados capões, olhar severo,
barba cuidada, impando de sentenças
e de casos da prática; desta arte
seu papel representa. A sexta idade
em mangas pantalonas, tremelica,
óculos no nariz, bolsa de lado,
calças da mocidade bem poupadas,
mundo amplo em demasia para pernas
tão mirradas; a voz viril e forte,
que ao falsete infantil voltou de novo,
chia e sopra ao cantar. A última cena,
remate desta história aventurosa,
é mero olvido, uma segunda infância,
falha de vista, dentes, gosto e tudo.

– William Shakespeare, *Como gostais*,
ato II, cena vii, versos 139-66

Sumário

Agradecimentos	11
Introdução	13
1. Nascendo	16
2. Aprendendo a andar e a falar	23
3. Entrando na escola	34
4. Aprendendo a andar de bicicleta	46
5. Fazendo provas	58
6. Dando o primeiro beijo	69
7. Perdendo a virgindade	80
8. Passando no exame de direção	90
9. Votando pela primeira vez	101
10. Arrumando um emprego	112
11. Apaixonando-se	124
12. Juntando as escovas de dentes	134
13. Tendo filhos	145
14. Mudando-se	156
15. Atravessando uma crise de meia-idade	168
16. Divorciando-se	178
17. Aposentando-se	188
18. Vivendo a terceira idade	198
19. Indo embora com estilo	209
A vida futura	220
Leituras adicionais	223

Agradecimentos

POR SER O COMPLEMENTO do meu *Café da manhã com Sócrates*, *Dirigindo com Platão* se vale das contribuições dadas àquele primeiro lançamento. Agradeço-lhes novamente. Eu gostaria de destacar Stephanie Ebdon, minha agente na Marsh Agency, e Daniel Crewe, meu editor na Profile Books, assim como seus colegas. Do mesmo modo, agradeço a Hilary Redmon, da Free Press de Nova York. Um escritor não poderia querer mais.

Introdução

IMAGINE VOCÊ ENTRANDO em seu carro e descobrindo que, ao dar partida, ele se transforma numa máquina do tempo. Porém, em vez de levá-lo ao futuro e ao passado do planeta, tal como se dava com a bugiganga concebida por H. G. Wells, ela se concentra em sua própria vida. A máquina o conduz de volta à época em que você chorava quando bebê, atravessa os portões da escola em que você assistia a uma aula de matemática e se aproxima de um ponto de ônibus para examiná-lo adolescente, dando o primeiro beijo. Em seguida, ela avança até seus anos de velhice, contemplando-o, digamos, durante uma crise da meia-idade, ou então durante uma reunião que celebra sua aposentadoria. Então, quando a morte assoma, o carro não apenas guincha até parar: ele se move a fim de observar o que pode haver para além dela. Essa é a viagem ao mesmo tempo ordinária e extraordinária que este livro realiza.

E você tem companhia. Ao olhar para o banco do carona, encontrará ninguém menos do que Platão e sua barba ao vento. Ele não está ali apenas pela carona, mas para ajudá-lo a entender as coisas. Ele vê quando você se apaixona, por exemplo, e lhe explica como essa experiência essencialmente humana o vincula ao divino. Olhando para o banco de trás, você contemplará também um grupo de escritores, pensadores, pintores e outros gurus comprimidos contra as janelas, todos ávidos por comentar o que estão vendo e por tecer observações sobre sua vida. O marxista francês

Louis Althusser explica como os portões daquela escola também podem ser a entrada de uma prisão. Leonardo da Vinci o espia perdendo a virgindade e reflete sobre como você satisfaria o ideal de pureza que ele pintou na *Virgem das Rochas*. John Milton o observa durante um feio divórcio e o consola, dizendo que não há motivo para se sentir mal: o paraíso ainda pode ser recuperado. De Hegel, você recebe palavras sobre ter filhos; de Locke, sobre como esses filhos aprendem a falar; e, de Tolstoi, sobre como controlá-los de modo que não falem demais. Esses luminares da história das ideias estão ali como um ruidoso time de estrelas, o qual deseja bajulá-lo, informá-lo, adverti-lo e entretê-lo cada vez em que você vivencia um marco.

Obviamente, muitos desses marcos são naturais, como nascer, aprender a andar, envelhecer e morrer. Porém, muitos são também culturais, ainda que tenham sido assimilados como ritos de passagem quase inevitáveis. Estes incluem o início da escola, a aprovação no teste de direção, a saída de casa e o casamento. Ao contrário dos animais mais simples, nós não cumprimos apenas um destino biológico, embora também estejamos sujeitos às leis do crescimento, da fome, da decadência e da reprodução. Nós erguemos estruturas ao nosso redor – sejam elas materiais, como as casas, ou institucionais, como escolas e governos –, as quais adquirem uma persistência e uma independência que camuflam sua origem no homem biológico que as cria. Nós somos criaturas naturais e culturais, e este livro leva em consideração esses dois aspectos inter-relacionados de nossas vidas.

Décadas de individualismo nos asseguraram de que somos todos únicos, mas nós desfrutamos de uma trajetória amplamente comum no mundo. É verdade que alguns ficarão ricos, que muitos viverão na penúria e que vários se esforçarão ao longo de toda a vida apenas para melhorar a situação em que nasceram; no entanto, essas diferenças de sucesso raramente modificam os caminhos básicos da vida tal qual a vivemos. Todos nós nascemos, todos nós nos vinculamos a outras pessoas e todos nós morremos. Nem todos vivenciarão cada um dos marcos que discutirei, os

Introdução | 15

quais também podem acontecer em ordens diferentes. Porém, ainda que apenas por observar o que se dá com os amigos, todos lhes serão altamente conhecidos. O estranho aqui é que a familiaridade não garante um grau maior de inteligibilidade: por maior que seja, digamos, o número de casamentos em que esteve presente, você talvez nunca tenha parado para pensar no que eles de fato significam; e, ainda que já o tenha feito, você talvez continue achando que aquele é um ritual bizarro. Alguém poderia até dizer que existe algo de obscuro naquilo que é mais rotineiro: o fato de termos todos enfrentado entrevistas de emprego torna mais provável que as tomemos como algo natural e não percebamos a essência do que verdadeiramente está ocorrendo. Assim, na companhia de vários pensadores, este livro examina o que muitas vezes não é examinado durante esses acontecimentos e essas fases. Ele o ajuda a pensar um pouco mais sobre os principais momentos e as principais transições de sua vida.

Algumas pessoas poderiam afirmar que a vida flui com muito mais suavidade exatamente por não a analisarmos muito. No entanto, refletir sobre esses assuntos traz recompensas, em especial se a reflexão for moldada pelos pensadores que comprimi em meu carro (e, se por acaso eles soarem repulsivamente intelectuais, fico igualmente satisfeito em citar o *A lagartinha comilona*, *Thelma & Louise* e a sitcom americana *Segura a onda*). Pensar sobre a filosofia da crise da meia-idade, por exemplo, pode ajudar a evitá-la. Reconhecer o que estava em questão quando aprendemos a caminhar e a falar pode nos transformar em pais mais compreensíveis. Examinar a experiência do nascimento aprimorará nossa percepção do quão milagrosa ela é. Se a vida é um mistério, que utilizemos tudo o que temos à disposição para iluminá-la um pouco. Além disso, enquanto questionar o sentido da vida é algo amplo demais para ser útil, fragmentar as coisas em marcos pode nos proporcionar alguma tração.

Dirigir com Platão é olhar com outros olhos os momentos que definem o breviíssimo trânsito de nosso carro pela terra. Ao longo do caminho, algumas ideias notáveis podem ser exploradas.

1
Nascendo

JEAN-LUC GODARD, decano do cinema *avant-garde*, declarou que toda história necessita de começo, meio e fim, não necessariamente nessa ordem. E quanto à história da sua vida? Se você está conversando com um amigo, por exemplo, poderia iniciá-la falando de seu primeiro amor ou de seu primeiro emprego, fazendo a história ir ou voltar como qualquer outra, estando sujeita a todo tipo de recorte e colagem que mina a ideia de um começo, um meio e um fim simples. Você certamente não precisa partir do nascimento.

Quando, porém, o assunto é a vida que você vive, uma lei diferente se aplica: a vida vivida está vinculada a um chassi biológico. Este, por sua vez, encontra seu chassi no tempo real, um tempo que começa assim que você deixa o útero. A história da sua vida e a vida que você vive significam coisas bastante diferentes. De um lado, temos seu progresso biológico; do outro, a versão editada da sua narrativa. No espírito de Godard, Martin Amis certa vez escreveu um romance chamado *A seta do tempo*, cuja história "começa" pelo fim e depois retrocede. Por ser um romance, isso é obviamente possível. Quando, porém, falamos de viver a vida – aquela barra colorida que parte de um marco inicial e se estende até um fim –, só há um caminho.

Além disso, independentemente de como você concebe esse ponto de partida, ele consiste naquele monumental ato de nascer.

O nascimento marca o início da vida desvinculada do umbigo, da placenta e do líquido amniótico. Ninguém jamais nasceu quarentão, e, se essa possibilidade parece tão excêntrica, é porque a vida nos é dada desde o início, é porque seu dom nunca é de segunda mão ou reciclado, mas sempre novo. Para mencionar um recurso narrativo clássico, uma vida que tem início *in media res* ("no meio das coisas") é inimaginável: o nascimento e o começo têm as mãos dadas. Além disso, por ser o início de algo (isto é, de você), por ser a criação do incriado, essa energia iniciadora é também uma energia de ruptura, o deslocamento de um percurso que um mundo sem você percorreria de qualquer maneira. Seu nascimento é a interrupção construtiva que altera o cenário das coisas, redimensionando-o e remanejando-o em função de seu eu recém-nascido. Mais do que ocupar uma vaga, ele é a transformação de um ponto nulo e prévio numa forma substancial. À sua maneira microcósmica, você é um acontecimento cósmico singular, um pequeno Big Bang.

Que a vida tem início com o nascimento parece um dos fatos mais sólidos que podem nos servir como ponto de partida. Ainda assim, com o advento da tecnologia do ultrassom e a oportunidade por ele propiciada de espiar o interior do ventre que carrega o bebê, nossos pensamentos sobre o momento em que a vida tem início ficaram um tanto caóticos. Enquanto muitos continuam a pensar na vida como algo que se inicia com o nascimento, outros afirmam que ela começa no momento da concepção, e alguns dizem ainda que tem início em algum momento intermediário, no lento florescer da consciência do feto – o que significa que a extremidade inicial daquela barra de cores possui uma região cinzenta.

O que torna cinza essa região não é apenas a biologia ou a ética do aborto a ela atrelada, e sim a questão filosófica de se, apesar de toda a ênfase dada aos pontos de partida, o seu ponto de partida é de fato um começo. Embora a expulsão do útero materno dê início a sua vida como ser isolado, como uma entidade dotada de extremidades dissociadas de qualquer outra pessoa, essa singularidade teve origem em algo – a saber, no encontro amoroso dos cromossomos parentais. A não ser que tenha nascido de uma virgem, seu nascimento dependeu de dois pais biológicos. Seu "início" não aconteceu do nada; ele foi causado por algo anterior, o que significa que a singularidade que você alcança ao nascer é uma espécie de ilusão. Na verdade, você é o resultado de um processo que começou muito antes de sua concepção. O verbo "nascer" sugere o surgimento de uma individualidade nova, mas também poderia ser interpretado como o mero desabrochar de uma folha localizada num caule extremamente longo, cuja base se estende até um momento muito anterior da história.

De maneira semelhante, a própria ideia de ser "causado" por seus pais poderia ser colocada em xeque. Tenho em mente, aqui, David Hume, expoente do Iluminismo escocês e arquiproponente do empirismo – doutrina que coloca a observação direta acima da teoria abstrata. Hume ficou especialmente angustiado diante da associação falsa ou apressada entre causa e efeito, e seu famoso exemplo foi retirado do jogo de bilhar: uma bola atinge outra, tendo como consequência previsível que esta seja lançada em determinada direção. Porém, de vez em quando, algo inesperado acontece e a primeira bola retrocede, escorrega ou dá um salto. Isso significa que uma única exceção pode invalidar a regra, de modo que é necessário examinar cada acontecimento por si só. Nesse sentido, as teorias se destinam aos preguiçosos, sendo uma tabela de cálculos prontos que os ajuda a seguir adiante com um conhecimento prático, mas impreciso, do mundo. Qual seria, então, a atitude do empirista diante do nascimento? Toda vez que um bebê nasce, seria preciso provar, e não pressupor, que ele é fruto de dois órgãos reprodutivos humanos.

Se isso parece enfadonho ou absurdo, lembre-se apenas de que o parto a que se submeteu uma virgem representou uma exceção tão convincente que, por sua vez, deu início a um movimento mundial. No entanto, até esse nascimento não foi desprovido de causa – uma causa que, se assim você crer, foi a primeira de todas: o Primeiro Motor do mundo, também conhecido como Deus. Supondo que Deus seja o criador, seu diferencial estaria no fato de nada o ter causado – milagre que os teólogos medievais chamavam de *causa sui*. Seja você um criacionista que, passando por seus pais, chega a Adão e Eva, seja você alguém que apenas acredita que toda criação é uma criação do próprio Deus, isso faz do nascimento algo que resulta diretamente d'Ele. Como algo que deriva de Deus e, portanto, deriva de algo que de nada deriva: eis um dos três sentidos em que o nascimento pode ser encarado como um milagre. O segundo poderia ser descrito por um pai ateu que, rejeitando a intervenção divina no nascimento de seu filho, ainda assim sente-se maravilhado com o surgimento de uma nova vida e assombrado ao ver nascer, do simples encontro sexual dos pais, uma criança, com toda a sua complexidade. E quanto ao terceiro?

A terceira concepção milagrosa do nascimento pertence ao próprio bebê. Ora, todos nós nascemos – caso contrário, você não estaria lendo e eu não estaria escrevendo isso –, mas a maioria esquece essa experiência. Isso quase não surpreende, uma vez que as lembranças mais antigas tendem a datar de nosso terceiro ano. É verdade que podemos consultar uma vastíssima literatura sobre o nascimento, mas em geral ela diz respeito ao parto de outras pessoas. Do mesmo modo, ainda que seu nascimento tenha sido meticulosamente documentado, esse registro objetivo dificilmente substitui o relato subjetivo que seria tão valioso. Isso permanece cronicamente intratável, mas, ainda assim, algumas pessoas continuam a sonhar com o próprio nascimento – um fato ao qual é válido se dedicar se tais sonhos indicarem a experiência paradoxalmente esquecível daquilo que é mais seminal em nossas vidas.

Os sonhos que têm relação com o nascimento não são tão parecidos com as lembranças, deixando uma impressão obscura e sentimental – ou seja, eles imprimem no corpo mais uma emoção do que uma imagem: as pessoas afirmam sentir uma pressão na cabeça, por exemplo. Do mesmo modo, eles não são como aqueles sonhos, comuns, de que se está pelado em público, os quais são dolorosamente claros. Esses sonhos com o nascimento parecem oclusões da alma, pontos negros na psique que, como os animais à noite, se distinguem da escuridão que os circundam. Por essas razões, tais sonhos correspondem ao que Platão chamou de *anamnesis*, o que, tal como sugere a própria palavra, é o oposto da amnésia. Para o filósofo, porém, há uma distinção crucial entre o lembrar e o não esquecer: este último abriga as experiências na mente sem colocá-las sob o seu domínio. Eis, por sua vez, a anamnese, categoria em que muito provavelmente se encaixam os sonhos relacionados ao nascimento: ela é um não esquecimento – oposto à verdadeira lembrança – daquilo que está além do alcance da própria consciência. A recordação do nascimento se esvai, mas não está completamente perdida.

Talvez isso não seja tão extraordinário: por que você não preservaria, em algum lugar do seu ser, os sinais de seu acontecimento fundamental, como num registro fóssil? Estranho seria se eles fossem apagados. Isso sugere, porém, que, independentemente de nossa idade, carregamos todo o nosso passado biológico hoje, a exemplo de um palimpsesto de experiências ambulante ou de uma ribanceira em que, à medida que você desce, cada estrato remete a uma época mais antiga do que a de cima, estando todas expostas. Se, sob a categoria da anamnese, Platão afirma que você pode intuir as coisas de cuja experiência você não se recorda ou, então, reconhecer aquilo que da primeira vez não se deu a conhecer, temos no nascimento um material perfeito. Ele foi um acontecimento que lhe ocorreu sem que você sequer soubesse. É nisso que consiste o milagre: na surpresa que vem do nada e que inaugura quem você é.

Para outros, porém, o milagre do nascimento é um tormento, e o dom da vida, uma maldição – e, com isso, chegamos à *bête noire* do empirista: o existencialismo. Enquanto o empirismo preconiza a atenção aos detalhes do que existe, o existencialismo tira as mais sublimes conclusões sobre aquilo que é e que não é; ele vai além das explicações propostas ao sopé da experiência, abarcando o alto relevo da generalização e as arrebatadoras paisagens que ele oferece. Tome Jean-Paul Sartre, que afirmou que nascer é um cálice envenenado, uma vez que oferece a vida ao mesmo tempo em que recusa o seu significado – como ganhar um carro esportivo e imediatamente perder suas chaves. Em primeiro lugar, nascer estava completamente fora de seu controle: aquela era a origem de sua própria vida e você nada podia fazer! O nascimento é algo que lhe acontece, que você não determina e que o ofende pela arbitrariedade de sua própria existência, a qual, de todo modo, poderia já ser reduzida ao encontro casual, realizado nove meses antes, entre o Esperma João e o Óvulo Joana. Isso sem falar no lance de dados que fez com que você surgisse num ano arbitrário, num local arbitrário e membro de um gênero, uma etnia e uma classe arbitrários. As coisas pouco melhoram à medida que você cresce: quem tiver olhos verá como tudo o que acontece resulta de causas igualmente arbitrárias. Um acontecimento tão importante quanto a Primeira Guerra Mundial nasce de uma simples confusão com um duque austríaco, quando então uma coisa leva a outra e, num instante, a guerra está comendo solta. Obviamente não há Deus – acreditar na existência de um nada mais é do que uma ilusão reconfortante –, e portanto nada possui qualquer sentido abrangente; a partir do seu nascimento, você está fadado a escaravelhar pelo chão da floresta, carregando ramos de um lugar a outro.

Apesar de tudo isso, Sartre consegue vislumbrar algo, percebendo que é exatamente por não haver significado transcendente que não há nada que o impeça de criar um para si. Se o nascimento é a nefasta queda num lodo que não faz sentido, você pode racionalizá-lo como uma preparação necessária para a grande vida que talvez esteja pela frente – uma grandeza que não pode, contudo, ser largada ao acaso. Respondendo à classificação que Malvólio estabelece na *Noite de reis*, em que afirma que "alguns nascem grandes, alguns alcançam a grandeza e a alguns a grandeza é forçada", Sartre rejeitaria a primeira e a terceira categorias: você precisa traçar o seu próprio caminho, fazendo-o, sobretudo, ao redimir o acidente de seu nascimento e ao tomá-lo para você mesmo a fim de agir sobre ele. Parte da atração que esse filósofo exerceu sobre a geração de 1968 que se rebelou nas ruas de Paris (as mesmas ruas que, havia pouco, Jean-Luc Godard estivera filmando) se devia à sua ênfase, antifilosófica, na ação como forma de dar sentido à vida – uma ênfase que ele tomara de Karl Marx, que afirmou que, "até agora, os filósofos apenas interpretaram o mundo; o fundamental é transformá-lo!".

No entanto, você não precisa ser tão insolente – nascer carrega uma série de consolos naturais. Você não acaba apenas por ganhar uma vida; como, antes de nascer, você sequer estava vivo, também seria possível intuir sobre o que virá do outro lado. O período que antecede o nascimento poderia ser um ensaio para o que teremos na vida futura (ou na morte, para não ser tão evasivo), o qual deveria servir para apaziguar qualquer medo da morte. Em segundo lugar, ainda que Sartre esteja certo e que nascer de fato equivalha a ser lançado num cenário de desesperadora contingência, há outra forma de encarar o problema. Enquanto ele dizia que você é moralmente obrigado a transformar a posição em que se encontra ao nascer – tornando ativo o que é passivo ao sair da existência *en-soi* ("em si") e passar à existência *pour-soi* ("por si") –, Martin Heidegger, seu correspondente alemão, via exatamente o contrário.

Antes de mais nada, você não pode ser sem estar em algum lugar, e, ao nascer, você ocupa um ponto do planeta, uma geografia específica: todo ser, portanto, é um ser-aí, o qual se encontra ligado à terra. Longe de ser deixado à deriva na desolação sartriana, nascer significa encontrar e pertencer a algum lugar. Além disso, se sua existência precisa se concretizar em determinado local, ela também deve existir no tempo; por assim dizer, então, nascer equivale a adentrar o rio do tempo. Ao contrário do que diz Sartre, ao nascer, você não precisa buscar um senso de direção; você é orientado no tempo, impulsionado por um elemento ou um meio que aciona a sua existência – afinal, se você não existisse no tempo, estaria paralisado como uma estátua. Juntando tudo, o nascimento é o dom do tempo e do espaço, as duas facetas do ser. Antes de nascer, você está desprovido de ambos, e seu surgimento no mundo significa ser apresentado a tudo o que é.

2
Aprendendo a andar e a falar

O QUE TEM quatro pés de manhã, dois ao meio-dia e três à noite? Se não souberes, eu te matarei; se souberes, matarei a mim mesma. Esse era o enigma da esfinge, monstro mítico que, na Grécia antiga, se empoleirava descontroladamente nos limites da cidade de Tebas e atormentava os transeuntes com seu exorbitante jogo. Antes de o enigma ser resolvido, muitos se complicaram com aquela aberração meio humana, meio leonina; então, quando chegou a solução, ela veio de ninguém menos que Édipo. Sua resposta, obviamente, foi "o homem", criatura que engatinha na infância, caminha ereto no meio de sua vida e, na terceira idade, recorre à bengala. Ao ouvir a suave resposta de Édipo, a esfinge, fiel à sua promessa, se lançou ao chão num ato de suicídio.

Por trás dos horrores, o cruel jogo da esfinge faz alusão ao profundo vínculo que o homem tem com o ato de andar. Na charada, o "homem" – palavra que também leremos como "mulher" – é definido em função de sua capacidade de caminhar com as próprias pernas. Enquanto a esfinge possuía quatro delas (seria isso motivo de inveja?), o homem é bípede, o que, como veremos logo mais, nos traz vantagens teológicas e evolutivas. Independentemente de tudo o mais que o homem pode ser, ele é um caminhante, um ambulante, um pedestre. Portanto, quando ainda bebê você reboca os quadris e, com uma mão no sofá, cambaleia em cima de suas suaves perninhas, está fazendo mais do que alcançar o biscoito que se encontra no prato da mamãe: você está se juntando adequadamente à sua espécie. Não que essa seja a intenção consciente da criança. Como no nascimento ocorrido mais ou menos doze meses antes – quando, a partir de uma convulsão sísmica, o corpo da mãe fora acionado como um despertador e lançou o bebê no mundo, ignorando quase completamente a sua vontade –, nada pode deter essa ânsia por levantar-se e mover-se. Mais poderosa do que o próprio bebê, uma força o acomete e o intima com toda a imperiosidade com que Jesus mandou Lázaro se erguer e caminhar. Sim, é verdade que na hora o bebê poderia usar seus músculos de forma deliberada, controlando seus movimentos da melhor maneira possível. No entanto, esse impulso tem origem num impulso superior, no imperativo biológico que faz com que nossos corpos cresçam, se desenvolvam e assumam determinada forma. Não importa o quão débil é a tentativa do novato, com que frequência o pequenino cairá sobre si mesmo: os passos logo virão. A não ser que exista algum tipo de defeito, isso é algo perfeitamente irreversível.

Pense só: e se houvesse uma força passível de ser rejeitada e, então, você jamais viesse a andar? Além de precisar comer poeira e de perder todo o plano vertical na hora de se locomover – ou seja, de perder uma dimensão inteira –, você se encontraria no mais baixo escalão de uma escadaria rumo ao paraíso. Às vezes, esquecemos que a serpente do Jardim do Éden, o demônio encarnado, era originalmente capaz de andar na posição vertical. Estar fadada a rastejar foi sua punição por tentar Eva, fazendo dela a encarnação literal de uma forma de vida inferior – e assim a sutil serpente transformou-se num pobre verme. Se essa, portanto, é a vida no degrau de baixo da escadaria, a habilidade de caminhar – que é o degrau acima – deve ser um privilégio. Andar não apenas define o homem, mas também atesta uma superioridade que ultrapassa a proeminência física. A altitude alcançada quando o bebê fica de pé dá testemunho de sua proximidade de Deus e de seu distanciamento dos animais, de modo que a altura da cabeça do homem ereto marca a distância média simbólica entre o céu e a terra. Quando aquela pessoa começa então a caminhar nessa nova dimensão, o dom da liberdade é resgatado, uma liberdade que não é apenas geográfica, mas também científica: andar permite a investigação de novos mundos.

Ainda assim, engatinhar e caminhar são sobrepujados por aquilo que se torna possível no degrau máximo da escadaria: voar. Sim, andar é um atestado de liberdade, mas um atestado limitado, o qual não se compara àquele meio de transporte aéreo adotado pelos anjos, que de cima desdenham do homem e do demônio respectivamente. Embora nossos passos nos permitam atravessar a Terra, eles nos prendem a ela, e daí o nome dado ao primeiro homem naquele fatídico jardim. Adão significa "terra vermelha", sugerindo que o homem foi feito do barro e que, por isso, deve evitar os tipos de soberba que levaram Satanás a ter ideias que não lhe cabiam. A palavra "humano" também remete ao solo. Os pés do homem deveriam permanecer sobre a Terra, como se essa dimensão a mais já fosse privilégio suficiente. Acima dele, mantendo-o em seu lugar, estavam os *putti* que vogavam em seu júbilo celestial, livres da suposta libertação proporcionada pelo andar humano – o qual, se comparado à sua própria liberdade, deveria parecer tão livre quanto o caminhar de uma leva de forçados.

No entanto, para um anjo, em especial, o ato de voar é um fardo, e o de andar, motivo de inveja. Tenho em mente *Asas do desejo*, filme alemão de 1987, em que um anjo se apaixona por uma terrestre e anseia por voltar à Terra a fim de estar com ela. No entanto, não é apenas o amor o que ele busca. Estar preso à Terra traz recompensas inacessíveis ao céu, recompensas relacionadas às emoções humanas e às suas imperfeitas complexidades. Se, por exemplo, você é capaz de voar como um anjo, a queda não lhe causa medo. O homem, por sua vez, tendo de aprender a andar e caindo muitas vezes enquanto tenta, possui uma noção mais sutil e real de seu valor. Para nós, andar é uma vitória sobre o cambaleio e o tropeço, sobre a própria gravidade e aquelas forças contrárias que sempre temos de subjugar. Enquanto o anjo pode pairar lá no alto e desfrutar de sua serena imunidade, nossos passos nos colocam em tensão com a Terra, o que nos proporciona um certo contentamento humano.

Além disso, enquanto os anjos são invisíveis ou, ao serem vislumbrados, desaparecem de repente, o andar deixa vestígios. Embora sejam, de algum modo, genéricos, os primeiros passos do bebê sinalizam o início de uma jornada que toma uma direção específica, a qual é incapaz de ser desfeita e permanece como um singular registro de seu progresso. Pisar onde os anjos nunca põem os pés abre sendas no tempo e, ao aprender a andar, você está delimitando o seu lugar na Terra, gravando sua autobiografia no solo. A grande cronista afro-americana Zola Neale Hurston deu à autobiografia que lançou em 1942 o título *Dust Tracks on a Road*, e essa ideia da vida como caminhada foi salientada ainda mais recentemente pelo paisagista britânico Richard Long, que, ao longo de sua carreira, cruzou montanhas e vales de todo o mundo a pé. Enquanto ele constrói círculos de pedra e registra suas viagens por meio de fotografias e de anotações semipoéticas em seu diário – transformando-as, assim, em objetos artísticos –, as próprias caminhadas também se apresentam como obras de arte. Ou melhor: elas são obras da natureza que mostram como o ato de andar se entrelaça ao ato de ser humano, representando nossa relação com o pó do qual viemos e ao qual voltaremos.

Tudo isso reforça a ideia de que andar torna o homem humano, e até mesmo a teoria da evolução, que nos recorda de que somos macacos e, por isso mesmo, nos pede para abandonar a ilusão de que o homem possui uma relação especial com Deus, oferece um contrapeso quando mostra como superamos nossos primos símios. O *Homo erectus* representa um triunfo. Quando Darwin afirma que "não vejo por que não seria vantajoso para os progenitores do homem tornarem-se cada vez mais eretos e bípedes", encontramos a clara suposição de que o ato de andar pode ser compreendido em termos competitivos, assim como a sugestão de que o bipedalismo dos hominídeos, característica que acabará por abarcar o *Homo erectus* e o *Homo sapiens*, assinala um passo literal em direção à inteligência. É impossível não pensar que o cérebro se torna mais abrangente e apto quando em cima do pescoço, observando tudo como um periscópio, do que quando atrás de um focinho, fariscando pelo solo. A criança de um ano que é capaz de sondar seu novo domínio possui uma inegável vantagem sobre o bebê de seis meses que permanece deitado, debatendo-se como uma mosca. Ela pode olhar para baixo e para cima, e isso lhe fornece mais um eixo que lhe permite julgar o mundo.

Em Darwin, o andar é apresentado como análogo ao tornar-se humano e, sob essa perspectiva, a transição das quatro para as duas pernas reprisa a própria evolução, sendo uma espécie de eco fractal. Ainda assim, Elaine Morgan, uma das mais perspicazes revisionistas de Darwin, afirma haver evidências arqueológicas de que a criatura que acabou por tornar-se o *Homo erectus* já caminhava muito antes de ser um "homem", esse mamífero capaz de manipular ferramentas. A cadeia evolutiva incluiu um animal bípede que ainda não era homem, o que sugere que o elo entre o ato de andar e a humanidade talvez não seja tão estreito e que, embora bípedes, nós, humanos, nos encontramos na mesma categoria de criaturas extremamente peculiares, como o avestruz.

Em seguida, numa reescrita bastante diferente da teoria de evolução, temos os ensinamentos de F. Matthias Alexander, o criador da Técnica de Alexander, método que, entre outras coisas, alivia a dor nas costas por meio da postura. Ao tecer suas observações no final do século XIX, Alexander percebeu como aquilo que encarávamos como um "andar adequado" se baseava na ideia do homem como animal ereto, como criatura dotada de uma atitude quase militarmente rígida – o que seria culturalmente determinado. Se nossos pais e professores nos mandam ficar retos, suas palavras funcionam, em parte, para reforçar a retidão do ser humano. Alexander, porém, suspeitou de que não evoluímos como gostaríamos de ter evoluído. É mais natural, sugeriu ele, que os joelhos permaneçam levemente arqueados – e não travados – e que a espinha esteja reta, sem curvar-se na altura do cóccix, como a de um sargento. O mesmo se aplica ao andar. A consequência inevitável disso tudo é a de que, longe de estufar o tórax e erguer o queixo, é melhor e mais adequado caminhar um pouco à semelhança dos macacos que julgamos ter sobrepujado. Por acaso, Alexander acabou por utilizar sua técnica para curar a própria enfermidade: ator que perdera a voz, ele descobriu que jamais falaria novamente. Através do aplanamento de sua espinha e da inclinação de seu pescoço, ele fez com que sua laringe pudesse se abrir novamente e se enchesse de palavras.

Não importa o quão naturais e inevitáveis eles sejam: os primeiros passos do bebê têm necessariamente algo de teatral. Aprender a andar quase nunca é algo que se dá de maneira isolada. Em geral, acontece num teatro doméstico, formado por parentes que o estimulam e que aplaudem cada hesitação e cada avanço progressivo, talvez empunhando uma câmera para capturar aquele momento para a posteridade. Esse é um rito de passagem que, ao contrário, digamos, da perda de sua virgindade (excetuam-se aqui os exibicionistas), quase certamente acontecerá sob os olhos de outras pessoas. E, uma vez dominada a arte de andar, ela continua sendo uma forma de escape – exceto se for alguém ansioso, dado a andar para cima e para baixo sobre o assoalho, você não caminhará muito em locais fechados. Andar equivale, quase sempre, a sair pelo mundo e a se colocar sob o olhar dos outros.

Nesse sentido, aprender a andar faz parte do desenvolvimento social, e não apenas motor, do bebê, e há uma obviedade no fato de o contato físico exigir que o cômodo seja percorrido – em geral, são os pés que permitem que as mãos se toquem. No entanto, dizem que a verdadeira socialização tem lugar com a aquisição da linguagem e, entre os vários benefícios que ela acarreta, está a possibilidade de ter contato com outras pessoas sem precisar tocá-las, de poder comovê-las sem precisar movê-las: falar faz com que economizemos muitos passos. O fato de funcionar a distância caracteriza a linguagem e a enche de poder. Isso é

Aprendendo a andar e a falar | 29

algo de que o bebê sabe muito bem antes de balbuciar qualquer palavra, uma vez que o objetivo de seu choro é anunciar suas necessidades vitais com a maior amplitude possível – como se a altura do seu grito fosse diretamente proporcional à sua incapacidade de andar. À medida que o choro gradualmente se transforma em linguagem, o volume de suas emissões orais diminui e sua precisão aumenta. Essa transição do choro para a fala não acontece da noite para o dia. Ela envolve um período de balbucios e, se existe um fundo teológico relacionado ao andar, as raízes bíblicas da fala são ainda muito mais profundas. Ficar de pé e caminhar podem ter presenteado o homem com certa altitude e o aproximado de Deus, mas esse alongamento terreno foi superado, de maneira impressionante, pela Torre de Babel. Construída com o objetivo explícito de chegar aos céus e divulgar o talento daqueles que o haviam construído, era um monumento que representava o amor-próprio da humanidade. Isso até o momento em que, justamente indignado, Deus o demoliu, dispersando seus habitantes pelos quatro cantos da terra. Com essa dispersão, passou a ter efeito a maldição dos vários idiomas diferentes e, desde então, a língua dos antigos compatriotas passou a não ser mais do que um mero "balbucio". Não que Babel e balbucio estejam intimamente relacionados: nenhum vínculo entre ambos foi traçado de maneira confiável. No entanto, nessa lastimável alegoria, tanto Babel quanto o ato de balbuciar se referem a um estado de existência isolado, e há, de fato, vezes em que o balbucio de um bebê pode parecer demente, menos uma forma de expressão embrionária do que um solipsismo impenetrável. O balbucio é uma expressão subjetiva que derrota o entendimento objetivo, deixando a criança abandonada entre a articulação privada e a incompreensão pública.

No entanto, para uma escola de teóricos da literatura ativa no período do pós-guerra, o balbuciar representa uma fase particularmente preciosa, algo que deve ser valorizado em vez de evitado. Como as normas sociais ainda precisam corrigi-los, a balbúcie dos bebês constitui o momento em que a linguagem mais recende desejo, uma ânsia irrestrita. Nesse aspecto, ela quase se assemelha à poesia ou a uma expressão onírica, aquele monólogo interior que é captado pelo radar de nosso eu consciente. Testemunhar um bebê gaguejando poderia ser o mesmo que se sintonizar com sua inconsciente vida interior, com uma narrativa de desejos desimpedidos. De fato, o prazer que a criança sente com seus brados, tal como seu desprezo pelo conformismo, indicam outros tipos de subversão. Isso soará inconvincente, mas, aos olhos de alguns teóricos, o balbuciar possui um potencial político, dado que é uma linguagem indomada que literalmente atesta o desprezo que o falante tem pelo que é e não é aceitável. Esse é um prazer comodista que desafia o esforço dos mais velhos – leia-se: o Estado – para reprimi-lo. Em pouco tempo, porém, nos conformamos: nossa linguagem se torna "normal", e então articulamos o mundo do mesmo modo como o articulam aqueles que nos rodeiam. Ao mesmo tempo em que é vantajoso ser compreendido e aceito, é desvantajoso deixar para trás aqueles aspectos do mundo que agora se encontram fora do alcance dessa capacidade linguística recém-adquirida.

Balbuciar talvez até revele alguma coisa sobre a origem da própria linguagem, o que James Joyce tentou reproduzir em *Finnegans Wake*. Veja o início do terceiro parágrafo:

A queda: (bababadal-ggharaghtakamminar ronnkonnbronntonner-ronntuonnthunntrovarrhounawnskawntoohoohoordenenthurnuk!) dum dantanho velhonário é relatada cedo no leito, depois sabe no conceito ao longo de toda a cristã menestrelidade.

A exemplo do que se dá com a balbúcie dos bebês, esse trecho pode soar absurdo, mas está repleto de alusões – inclusive à ideia da queda do homem e, em particular, da Torre de Babel que sucumbe numa confusão linguística que passamos a ter de desenredar (Joyce dizia que as pessoas deveriam passar a vida toda estudando sua obra). Como no texto de Joyce, o balbuciar do bebê pode de fato ser compreendido como uma linguagem estranhamente integrada, completa e consistente, um discurso que prevalecia antes da dispersão das línguas, da multiplicação de novos idiomas e do fardo que é ter de traduzi-los. Por outro lado, mas também de acordo com Joyce, a balbúcie poderia representar a confusão mesma que se originou depois de Babel, tal como o inferno da falta de compreensão. Se a hipótese verdadeira for esta última, podemos encarar o gargarejo do bebê como um lamento por ter de adentrar um mundo de acordos e negociações, de relações sociais e de ordens gramaticais. O bebê "incorre" na linguagem e se afasta da condição edênica da existência pura e simples.

No entanto, incorrer na linguagem sugere que o bebê não possui qualquer linguagem antes da queda e que seu cérebro é vazio, e isso levanta uma importante questão filosófica. Afinal, se o bebê chega ao mundo sem nada na cabeça, como ele poderia saber qualquer coisa sobre os valores eternos, como a verdade e a bondade? Como ele alcançaria a razão? Sim, eles de fato poderiam descobrir todas essas coisas com o tempo; porém, se isso precisasse acontecer a partir de outros humanos, dos adultos, essas verdades eternas não seriam tão eternas. Elas nada mais seriam do que um produto da experiência acumulada por antecessores, constructos pragmáticos em vez de princípios transcendentes – possibilidade que soa repulsiva à filosofia clássica. Ao contrário, aprender a falar deve certamente ser um processo que aos poucos escava e aciona a linguagem embutida na mente do bebê desde o nascimento – seus pais podem até estimulá-la, mas ela já estava lá antes, esperando para vir à tona. Para usar uma comparação técnica, o cérebro do recém-nascido é como um computador que vem com um software pré-instalado.

Não surpreende, então, que a perspectiva clássica tenha encontrado críticos, entre os quais o mais importante é John Locke, filósofo e extremista político do século XVIII. A exemplo de David Hume, homem que encontramos à mesa de bilhar no primeiro capítulo, Locke foi um arguto empirista, tendo comparado a mente do bebê com uma *tabula rasa* ou uma folha de papel em branco. Ao aprender a falar, você retirava ideias simples do mundo, misturava-as em sua mente a fim de torná-las mais complexas e, por fim, as exprimia com palavras. Em vez de lhe ser imposta, sua linguagem refletia sua própria experiência. Na verdade, a experiência funcionaria como a fonte e o limite de todo o seu conhecimento, de modo que sua linguagem sempre viria a ser autobiográfica, um palimpsesto de tudo o que você testemunhara. O contragolpe de Locke também ajuda a explicar a balbúcie, pois, segundo ele, toda linguagem se torna fundamentalmente subjetiva, sendo o processamento de uma vida vivida a partir de uma perspectiva singular. Se o balbucio dá lugar à linguagem reconhecível, esta última representa a reconciliação de todas as balbúcies. Hoje nós dizemos que o cérebro dos bebês são "esponjas" que absorvem tudo o que os circunda, e essa metáfora é algo que faria Locke sorrir.

Em seguida, entre os classicistas e Locke, nós encontramos o raciocínio desenvolvido, de modo mais célebre, por Noam Chomsky, professor de linguística radicado nos Estados Unidos. Embora inconvicto pela ideia do conhecimento divino, ele afirma que o cérebro do bebê já vem dotado de um conjunto limitado de truques verbais, o qual é enriquecido de acordo com o contexto. A criança poderia ter armazenadas expressões prontas como "Estou aqui" ou "Eu gosto", as quais são passíveis de ser adaptadas para formar frases como "Estou aqui em minha casa" ou "Eu gosto dessa comida". Desse modo, ela se torna capaz de expressar realidades cada vez mais complexas ("Eu gosto da comida de minha casa").

No entanto, por mais que expressar as coisas por meio de palavras sugira que a linguagem é, antes de mais nada, um instrumento para a articulação do pensamento, devemos pensar duas vezes. É verdade que, durante a história das ideias, essa foi a forma como a linguagem veio a ser amplamente encarada. Ainda assim, também seria possível colocar essa lógica de ponta-cabeça. Quando um bebê olha para uma banana e a nomeia, pode ser que o ato de nomear cause o entendimento, e não o contrário. Pense no aprendizado do nome de uma flor, por exemplo, e em como pronunciá-lo nos ajuda a vê-la de outra forma. Falar não é apenas expressar, mas também imprimir nas coisas um significado – e isso faz com que a fala se assemelhe, de maneira curiosa, ao ato de andar, o qual já é por si só uma maneira de gravar um caminho na terra e de fornecer-lhe uma forma inteligível. Tanto o andar quanto o falar são maneiras de medir o mundo, de fragmentá-lo em unidades, sejam elas metros ou palavras. Então, com a medida, chegamos também ao entendimento.

3
Entrando na escola

A CANÇÃO "My Old School", sucesso que Steely Dan emplacou nos anos 1970, traz os seguintes versos:

California tumbles into the sea
That'll be the day I go
Back to Annandale.*

Os tempos de escola do cantor insinuam claramente uma devastação psicológica. Como a escola pode ser um estorvo tão grande? Em parte, porque ela é um constructo completamente artificial. Veja só a flagrante diferença entre este terceiro capítulo e os dois capítulos anteriores: enquanto nascer, aprender a andar e aprender a falar são coisas naturais, processos quase irresistíveis, entrar na escola é o primeiro marco puramente cultural que veremos. Não há nada de orgânico nele. Ninguém ingressa na escola do mesmo modo com que vê nascer os pelos das axilas ou os dentes de siso, e os colegas de classe também não são extensões biológicas do eu. Dessa forma, se entrar na escola é um marco, é também um marco que poderia ser evitado, e o fato de esse ser um acontecimento universal não deve nos levar a pensar o contrário. Entrar na escola o coloca numa pista específica, tal como

---

*A Califórnia resvala no mar/ Será este o dia em que/ Retornarei a Annandale.

a opção de dobrar à direita num cruzamento em vez de seguir em frente.

Afinal, diz a ortodoxia, se você *tivesse* seguido em frente, poderia ter se perdido nos pântanos e florestas da infância selvagem, estando fadado a permanecer não apenas deseducado, mas também indomado. Ao menos é este o mito negativo que o ensino silenciosamente endossa: a criança sem instrução é a criança selvagem, e, para afastar essa rude possibilidade, a escola se impõe logo no início de sua vida. Ela, portanto, realiza uma intervenção radical – talvez a primeira que você de fato experimentará –, uma correção abrupta de sua dinâmica padrão por meio de forças externas. Isso pode explicar por que a escola consegue, talvez até de maneira traumática, criar em você aquela impressão, e eu logo voltarei a esse ponto. Por enquanto, a ideia é de que a escola o ajuda a superar sua crueza infantil, a suspender seus instintos animais enquanto as capacidades humanas superiores se revelam. A palavra "educação" significa "conduzir para fora", exatamente como se você precisasse ser afastado dos perigos daquele pântano.

Para utilizarmos os termos do crítico marxista francês Louis Althusser, entrar na escola significa, então, ser resgatado e reabilitado pelo Estado, submetendo-se ao seu formidável domínio e tornando-se um instrumento ideológico. Até certo ponto, a escola é tudo aquilo que nos parece ser – aquilo que Althusser chama de aprendizado de uma série de técnicas –, mas, por trás disso tudo, as coisas ficam mais sinistras:

> Além dessas técnicas e conhecimentos, as crianças, ao assimilá-los na escola, também assimilam as "regras" do bom comportamento, isto é, a atitude que deve ser observada por cada agente na divisão da mão de obra, de acordo com o trabalho ao qual se é "destinado": regras de moralidade, regras de consciência cívica e profissional, as quais de fato equivalem a regras de respeito pela divisão sociotécnica do trabalho e, no fundo, a regras da ordem estabelecida pela dominação de classes. Elas também aprendem a "falar um bom francês", a "lidar" corretamente com os trabalhadores – na verdade (para os

capitalistas futuros e seus empregados), a "dar-lhes ordens" adequadamente, isto é, a (idealmente) "falar-lhes" da maneira correta etc.

E você achando que os dias de escola eram os melhores da sua vida! Quando você entra na escola, não está embarcando, como gostariam de acreditar os progressistas e os educacionistas, numa viagem de conquistas acadêmicas e de crescimento pessoal; você está, na verdade, sendo doutrinado numa série de práticas culturais, cujo objetivo é preservar e prolongar o sistema capitalista. Mais do que uma simples intervenção na sua vida, entrar na escola resulta naquilo que, alhures, Althusser chama de "interpelação", um momento da existência definido por forças políticas que estão fora de seu alcance. Acoplado a esse objetivo político está um objetivo econômico, através do qual a escola, visando ao trabalho futuro, procura conduzir seus pupilos às posições certas. Isso atribui à expressão "comportar-se na sala de aula" um novo significado: assegurar-se de que você está agindo de forma correspondente à estrutura de classes da sociedade, e não apenas da sala de aula. E, para piorar, essas posturas exigidas pela escola têm como objetivo embotar quaisquer críticas que você poderia elaborar.

Sob essa perspectiva althusseriana, a escola se torna um "aparelho ideológico do Estado", uma instituição destinada a regular o comportamento, a reduzir a dissidência e a produzir uma mão de obra que se adapte à hierarquia de classes com uma facilidade que a faz parecer natural. O propósito das técnicas que você assimila é reduzir um possível desvio da norma, uma vez que é mais fácil para o Estado controlar indivíduos que são mais ou menos iguais. Escrevendo na França de meados do século XX, Althusser talvez tivesse em mente uma causa especial: dizem que, em seu ápice, a educação estatal francesa fazia com que, em qualquer lugar do Hexágono, todos os jovens de treze anos estivessem recebendo a mesma aula ao mesmo tempo, com os mesmos livros didáticos e os mesmos exercícios. Era possível ajustar o relógio de acordo com o momento em que todos liam Racine.

Talvez você desdenhe da fria militância da análise de Althusser ou a rejeite por ser tão ideológica quanto a ideologia que ela mesmo critica; porém, essa análise de fato nos ajuda a explicar o terrível golpe que talvez sintamos em nosso primeiro dia de aula. Afinal, ainda que você tenha frequentado algum tipo de pré-escola, o centro de sua vida cotidiana muito provavelmente fora sua casa, com todo o conforto que ela insinua. Naqueles anos de infância, sua identidade provavelmente era a de uma pessoinha que deveria ser cuidada, entretida e acariciada pelos outros, sendo embalada sobre o amoroso colo dos mais velhos. Seu mundo era um mundo de espaços confortáveis e de indulgências, um mundo de brincadeiras supervisionadas por um adulto bondoso ao lado de seus próprios brinquedos. Além disso, sempre que alguma coisa dava errado, você recebia na hora, de seu pai ou responsável, um atendimento pessoal, a fim de que tudo se resolvesse. Então, da noite para o dia, sua vida é transformada: a família com que você estava acostumado é substituída pelos estranhos esquadrões da escola; os móveis agradáveis, por mesas e carteiras duras; o ritmo contínuo e orientado do dia, pelo metrônomo do cronograma escolar. O novo sistema é um choque para o sistema.

Embora sua casa tivesse procedimentos particulares – como a hora de ir para o banho e a hora de ir para a cama – ou proibições próprias – como a de não comer no sofá –, na escola você se depara com uma legislação na forma de normas escolares, que a um novato parece tão magistral e indecifrável quanto as inscrições de uma pirâmide. É precisamente nessas normas escolares que o argumento abstrato de Althusser se torna experimentalmente real, uma vez que é esse mesmo conjunto de prescrições e proibições o que faz da escola uma escada tão íngreme a caminho do mundo da maturidade. Tendo experimentado em casa o que parecia ser um governo livre – ainda que estivesse sutilmente preso a um conjunto de códigos domésticos –, na escola, você se vê diante da clara sensação de que é, e precisa ser, controlado.

Com isso, vem o sentimento, mais desnorteador que reconfortante, de que as próprias regras, em certo nível tão retumbantes, são também um tanto arbitrárias, se não exatamente tolas. A escola não apenas não precisava existir: ela também não precisava se desenvolver da forma como se desenvolveu, com seus costumes tão peculiares. Assim, uma das coisas mais preciosas acerca de seu primeiro dia de aula é o fato de você ainda conseguir perceber isso. Na teoria da administração, existe um provérbio sobre as empresas que diz: "Cultura é aquilo que você deixa de perceber depois de três meses." Isso se aplica também ao início da escola. Obviamente, aos quatro ou cinco anos, você não possui os meios necessários para trazer à tona seu senso de arbitrariedade ou para articulá-lo em desafio às normas estabelecidas – embora ele seja um recurso precioso, uma forma de olhar para o mundo e de ver que ele poderia ter sido completamente diferente. Dessa forma, a cultura escolar continua a existir sem ser, em grande parte, desafiada. O arbitrário se torna norma e, depois daqueles primeiros meses, você não apenas o terá abraçado, mas também julgará que é a forma mais óbvia de passar o dia.

Ainda menos desafiável deve ser a figura do professor tirânico, cuja autoridade tolera pouca resistência: no lugar de professor, leia-se soberano. Pense na descrição parcialmente autobiográfica do professor demoníaco que Tolstoi coloca na narrativa de *Infância*:

> Ele ordenou que eu ficasse de joelhos; declarou que tudo aquilo não passava de teimosia e de uma "comédia de marionetes" (expressão pela qual tinha predileção) de minha parte; ameaçou-me com a régua; e obrigou-me a pedir desculpas.

O pobre menino claramente infringiu alguma regra, mas não tem certeza de qual foi. A arbitrariedade da norma se mistura com a autoridade do professor, e, juntas, elas geram um nível de intimidação que o menino não conseguia suportar, tendo como único recurso armazenar o episódio na memória para, no futuro, relatá-lo num romance, como que por vingança. Até então, há pouco que ele possa fazer para protestar. Na verdade, protestar seria interpretado como mais uma prova de desobediência. O que importa, de todo modo, não é a racionalidade ou a não racionalidade das regras, nem mesmo o seu conteúdo: para o professor, trata-se apenas de impô-las; para o pupilo, de obedecê-las. Dessa forma, vemos nascer um mini-império, um território estrangeiro delimitado por aqueles portões escolares extremamente icônicos, que marcam a transição para uma jurisdição diferente. Isso é algo que pode ser percebido até mesmo pelos responsáveis que vão buscar seu pequeno tesouro. Você pode muito bem ser o pai e, portanto, a autoridade definitiva sobre a criança; contudo, quando em território escolar, essa autoridade oscila e você precisa estar atento para não infringir possíveis normas, como se atravessasse uma Cortina de Ferro.

Porém, o mais desconcertante de tudo não é nem o choque causado pela novidade, nem a ansiedade desencadeada pela arbitrariedade do regime com o qual você agora precisa concordar; o mais desconcertante é a mudança na forma como você é percebido. De certo modo, sua identidade se desmembra e – para usar a expressão do filósofo Paul Ricoeur, compatriota mais novo de Althusser – você se torna *si mesmo como outro*. Até o primeiro dia de aula, você se percebe como uma criatura razoavelmente indivisa, o que é o mesmo que dizer que você não se percebe de forma alguma. Você simplesmente é. Você lê seus livros ilustrados, sai para fazer compras com sua mãe, brinca sobre o tapete, faz seu lanche. Adotando os termos de Ricoeur, nesse estágio você possui uma identidade *idem*, mas não ainda uma identidade *ipse* (em latim, *idem* significa "o mesmo" e *ipse* significa "si próprio", embora Ricoeur use os termos em sentido mais amplo). Ou seja, em casa você se adapta ao ritmo das coisas e tem pouquíssima autoconsciência, sendo pouco intimado a desempenhar determinada atitude ou a refletir sobre ela em seguida. *Idem* é tudo o que você é.

Uma vez iniciada a escola, porém, você é visto como alguém que precisa agir de maneira responsável, o que precipita sua identidade *ipse* ou sua ipseidade. Não importa quantos anos você tem: no momento em que ingressa na escola, você passa a ser considerado alguém capaz de exercer uma escolha, alguém cujas ações derivam de uma intenção consciente. Ao chutar uma bola contra a janela, você não cometeu apenas um erro – o que seria um comportamento *idem* –, mas exerceu algum grau de sua vontade, ou seja, uma ação *ipse* que o torna responsável. Essa é exatamente a suposição com que trabalha o professor de Tolstoi. Enquanto o jovem rapaz se demora no mundo do *idem* – ele está apenas seguindo o fluxo, apresentando uma limitada visão de si mesmo como agente social –, o mestre o rotula como um *ipse*, indicando que todo ato do menino deve ser ponderado. A criança, então, passa a ver a si própria com os olhos dos outros, em especial daqueles que esperam dela determinado grau de consciência. Contudo, embora essa mudança de perspectiva seja uma das experiências mais inquietantes que o início da escola proporciona, impondo ao aluno uma dimensão inteiramente nova, ela também lhe traz algumas vantagens sociais e pessoais. Afinal, se você encarar a escola como uma ponte entre a casa e a sociedade, vestir-se com alguma ipseidade – a qual é representada pelo uniforme escolar – não é algo ruim. Reproduzir para você mesmo a possibilidade de possuir alguma ipseidade é uma forma de preparar-se para se tornar um bom cidadão.

Essa mudança na forma pela qual você é percebido está atrelada à maneira como você é organizado. Graças ao simples fato de que as escolas contêm mais crianças do que professores, faz sentido, ao menos logicamente, tratar as crianças em grupo, e não individualmente. Deixando de ser o queridinho que você era em casa, você se torna um entre muitos, mais um rosto no meio de uma multidão. Você pode muito bem apresentar uma personalidade singular, que requer atenção, ou então possuir um conjunto de exigências especiais; porém, quando se trata de entrar na escola, você precisa ser, antes de qualquer outra coisa, organizado. Desse modo, você é redefinido tanto como unidade quanto como pessoa, e, tal qual no exército, seus movimentos são perfeitamente coordenados. Sua presença é registrada ou não, tal é a ênfase dada à frequência e o rigor com que a ausência é catalogada. Sem dúvida, isso entra em conflito com a ipseidade: por um lado, exigem de você responsabilidade; por outro, você é apenas um número. Essa segunda opção, porém, tem, no fundo, mais peso. Pense só na eficiência exigida para fazer com que centenas de crianças deem conta de suas refeições ou para que elas estejam na hora e no lugar certos para a próxima aula: você logo começará a entender que, como força motriz da instituição, a "educação" vem depois da "operação".

Afora o desgaste de seu senso de individualidade, duas consequências se seguem. A primeira é a perda de privacidade. Enquanto sua casa tem locais de isolamento, como o quarto ou aquele canto sob as escadas – e havia ocasiões durante o dia em que seu responsável estava contente demais para deixar de prestar atenção em você –, ser monitorado o tempo todo significa perder a opção de esconder-se. Até mesmo para ir ao banheiro é necessário permissão. É como se a vida das crianças fosse propriedade de todos, o que talvez nos ajude a explicar por que associamos a privacidade à vida adulta. Seja na sala de aula, no pátio ou no vestiário em que as roupas são trocadas antes da educação física, tudo é realizado sob o olhar de outras pessoas.

Contudo, se ser agrupado, controlado e observado tem como motivação a necessidade operacional, há ainda um fator mais profundo. Ele remete à própria teoria do conhecimento, a qual, por sua vez, remete à escolástica medieval, que remete a Aristóteles. Um indício seu pode ser encontrado na palavra "classe", embora não no sentido althusseriano do termo. O fato de a disposição em classes ser a primeira coisa que acontece na escola indica o quão importante é a classificação: as classes refletem como o conhecimento, e não apenas os pupilos, devem ser organizados. Aqui, o fundamental é o fato de o conhecimento *ter* de ser organizado, e não engolido como um todo. É a fragmentação e a classificação de dados em unidades formais o que marca o primeiro passo rumo à sua assimilação. Da amizade à liberdade, Aristóteles desmembrou tudo em categorias, uma vez que, com elas, temos também o que comparar e cotejar, tornando o início do raciocínio possível.

Digamos, por exemplo, que alguém lhe peça para escrever um ensaio sobre a escola: você começa dividindo o tema em educação primária e secundária e segue adiante. Uma vez feita a classificação, o conhecimento tem início. Assim, com o saber desmembrado em classes – direito, história, política, matemática etc. –, os alunos acabam seguindo essas divisões. Muito após o século IV a. C., época de Aristóteles, seu método foi recuperado e enriquecido, culminando no grande florescimento da escolástica ao longo da Idade Média. Nela, a educação passa a assumir uma forma que antecipa a do mundo moderno, com o conhecimento fragmentado em "disciplinas" e a figura do "mestre" que o orienta com sua destreza. Até mesmo hoje, ao ingressar na escola, você segue essa concepção medieval do conhecimento como disciplinas isoladas, e não como uma única entidade holística. Nós agora temos o trio leitura, escrita e aritmética, o qual claramente ecoa a divisão medieval do *trivium* (gramática, lógica e retórica) e do *quadrivium* (aritmética, geometria, astronomia e música). Se, no primeiro dia de aula, você ingressa numa turma ou numa série, pode muito bem não ser por razões althusserianas – uma forma incipiente e insidiosa de dividir a mão de obra –, e sim porque a própria arquitetura do conhecimento assim o exige.

Ao compreender a enorme força da classificação, você se torna mais apto a entender o fenômeno do calendário escolar, essa representação, no tempo, da tabulação do conhecimento em geral. Saber onde e em que momento se deve estar para assistir à próxima aula significa que, além de ser operacionalmente orientado, você também está seguindo a própria grade do conhecimento; a sensação, ao mesmo tempo débil e constante de que, na escola, como um trem na ferrovia, você está seguindo um circuito, equivale, na verdade, à experiência de se mover por um mapa da razão estabelecido centenas de anos atrás. Pouco importa o fato de os políticos brincarem incessantemente com o currículo: o conceito subjacente continua a ser aquele da divisão do conhecimento.

Felizmente, opondo-se a todo esse cenário de normas e regulamentações, de divisões rigorosas e de higiene acadêmica, flui uma forte contracorrente. Embora a experiência representada pelo início da escola ainda preserve hoje muitas daquelas formalidades, uma nova doutrina de "personalização" tem sido aceita. Em vez de se adequar à escola, como no modelo antigo, a escola agora deve se adequar à criança. Na prática, nenhum cronograma pode ser flexível o bastante para satisfazer as necessidades individuais de cada aluno, e se assim o fizesse deixaria de ser um cronograma. A personalização, portanto, se resume mais a ajudar a criança a acompanhar o sistema, de modo a reduzir sua temeridade. Após séculos de ensino, estamos apenas descobrindo que o medo não é tão conducente à aprendizagem, ainda que ajude a criar disciplina; uma grande transformação tem acontecido, fazendo da escola menos uma casa de correção do que um lar para o desenvolvimento pessoal – exatamente como aqueles progressistas haviam desejado.

Assim, ao chegar a grandiosa hora de a criança ingressar na escola, essa doutrina moderna reduz, entre outras coisas, o gradiente desse início. Vá a praticamente qualquer cidade do Ocidente e você encontrará uma série de instituições e iniciativas pré-escolares que ajudam a preparar a criança para o ingresso no "fundamental", nome pelo qual é ampla e reveladoramente conhecido. Como sugere o "jardim de infância", outra expressão comum, o início da escola deveria emular um jardim para as crianças, que implicitamente seriam capazes de brincar do lado de fora por um período um pouco maior – como se ainda estivessem em casa –, antes de ser chamadas para assistir às aulas propriamente ditas. Não quero dizer que essa relativa complacência tem origem na suavização dos educacionistas: por trás dela, temos a comprovada teoria de que, quanto mais tranquilizada emocionalmente, mais a criança estará inclinada a aprender e, assim, conquistar. Por também ter reflexos na escola e no Estado, isso poderia muito bem ser, em termos althusserianos, apenas uma forma mais sutil de manipulação ideológica; ainda assim, é aprimorada a experiência escolar do novato, que agora pode ansiar por ingressar num sistema que, junto com seus objetivos educacionais, procura também fazê-lo feliz.

Essa contracorrente possui uma tradição própria, a qual, embora não tão antiga quanto Aristóteles, remonta pelo menos até o século XVIII de Jean-Jacques Rousseau. Escrevendo no ápice do romantismo – que enaltecia a autoexpressão –, e com a Revolução Francesa – que enaltecia a liberdade – permeando os fundamentos da vida social, Rousseau estava perfeitamente inclinado a articular uma série de ideais sobre como assegurar o potencial dos seres humanos; ele tinha plena consciência do autoritarismo arbitrário das escolas, o qual, em sua forma mais grosseira, se fundamentava no fato de os professores serem fisicamente maiores do que as crianças. Esses ideais envolveriam o abrandamento dos laços da própria sociedade, que tendem sempre a corromper nossa capacidade natural – e até mesmo divina – de viver como criaturas nobres e esclarecidas. De maneira nada surpreendente, esses ideais também abarcavam uma teoria da educação – teoria a que muito devemos a visão moderna da criança como entidade criativa, cuja autoexpressão deve ser facilitada, e não suprimida em nome do bom desempenho num amontoado de testes. Hoje, sua manifestação mais clara talvez seja a substituição do latim recitado de cor por, digamos, um grupo de discussão sobre ética. Esses ideais também dão forma a instituições mais progressistas, vinculadas ao nome de Montessori e Rudolf Steiner.

Desses desdobramentos tardios do pensamento de Rousseau, porém, nós não devemos deduzir que a existência da escola é absolutamente necessária – e assim retornamos à ideia de permitir que a criança continue na selva. Se é a natureza o que proporciona uma vida boa e se a escola é algo artificial, a criança deveria ser capaz de buscar seu próprio crescimento, como uma flor silvestre cujas sementes têm de ser espalhadas longe do gramado bem-composto das instituições educacionais. Seja no caso de Althusser, no de Rousseau ou no dos especialistas modernos em educação, o que parece estranho é o fato de que, por mais pessoal e imediato que o ingresso na escola possa subjetivamente parecer, o que você está experimentando é a manifestação de um conjunto de escolhas políticas e filosóficas; daí o retorno daquela sensação de que não passamos de anões, de que somos algo pequeno em meio a coisas enormes. Ao entrar pela primeira vez na escola, você não entra apenas num edifício estranho e numa cultura desconhecida; você entra num campo de batalha entre os desacordos educacionais dos mais velhos.

4
Aprendendo a andar de bicicleta

J. M. COETZEE, vencedor do prêmio Nobel, é bastante conhecido por livros que desprezam a fronteira entre fato e ficção. E ele o faz de tal modo, que há calorosos debates sobre se seus romances *Infância, Juventude* e *Verão* podem de fato ser considerados romances, uma vez que seu conteúdo é extremamente autobiográfico. *Homem lento*, por exemplo, relata a história de um homem que se recupera de um acidente de bicicleta: dizem que, na vida real, Coetzee é um ótimo ciclista, dado a longos passeios ao redor de Adelaide, cidade australiana que adotou.

Como todos os acidentes, aquele em que se envolveu Paul Rayment, *alter ego* de Coetzee, não fora previsto. Saindo de uma estrada e pegando uma passagem, ele foi arremessado para o alto pelo carro esportivo de um homem muito mais novo e extremamente diferente. A colisão arbitrária entre os dois conduz, à maneira dos romances, a outras ligações menos cinéticas, mas isso não muda o fato de que o protagonista precisará ter sua perna amputada. Daí o "homem lento" do título, que torna manifesta a relativa velocidade do ciclismo: Rayment não era um simples pedestre, mas um ciclista, e, assim, ter um membro amputado significava deixar de lado não apenas uma perna, mas dois níveis de velocidade. Deixando de lado o transporte motorizado, o ciclismo é, ao lado do esqui, a forma mais rápida de se movimentar pela terra.

Vale a pena assinalar uma excentricidade que o romance de Coetzee ressalta: a de que há sempre algo um pouco errado no fato de um homem mais velho – em oposição aos meninos – se encontrar sobre uma bicicleta. Quando se submete ao serrote do cirurgião, Paul Rayment comunica subliminarmente a mensagem de que, para ele, estar pedalando era uma grande tolice, algo até mesmo um pouco vão. Ele deveria ter escolhido um meio de transporte mais adequado à própria idade, reservando o ciclismo às lembranças mais antigas, e não recentes. Implicitamente, o ciclismo é algo destinado às crianças; seria possível até dizer que ele *diz respeito* às crianças, ao abandono em que a infância abunda. O que faz do ciclismo uma atividade tão definitivamente infantil? Em parte, o fato de que, ao contrário da nêmesis de Rayment no carro esportivo, as crianças pequenas não têm permissão para dirigir; elas se viram meio que sozinhas com o transporte público. Com exceção da caminhada e da corrida, as crianças não desfrutam das mesmas opções de transporte de que desfrutam os mais velhos e, por falta de alternativas, elas acabam se voltando para a bicicleta e aprendendo a amá-la.

O problema é que as crianças não precisam muito "andar por aí", e, quando você aprende a andar de bicicleta na infância, não é porque está atrás de uma forma alternativa de transporte. Ao contrário, digamos, das milhares de pessoas que toda manhã atravessam majestosamente a cidade de Amsterdã para chegar ao trabalho, as pedaladas infantis apresentam um irrefletido despropósito, o qual faz com que aquela bugiganga de duas rodas mal possa ser considerada um meio de transporte. Enquanto a máquina dos adultos conduz seu guia do ponto de partida ao ponto de chegada, a máquina da criança é um brinquedo que por acaso se move em determinada direção, mas que ainda seria tão satisfatória – e provavelmente até mais – caso se movimentasse em círculos.

Nessa autonomia, encontramos uma importante questão filosófica: a da "teleologia". Trata-se da ideia de que nossas ações, a nossa vida como um todo, devem ter um objetivo específico – sendo o *telos* um propósito ou uma finalidade. Um dos muitos fatores que diferenciam as crianças dos adultos é a aparente ausência, nos pequenos, de intenções teleológicas, o fato de que, para além da ambição imediata de marcar um gol ou de terminar um desenho, eles não estão tentando chegar a lugar algum nem alcançar algo. As crianças não carregam o fardo de precisar se voltar para determinado resultado, e isso torna o ciclismo não apenas uma atividade da infância, mas uma metáfora para ela: pedalar por aí define a condição de puerilidade.

Ainda assim, de acordo com a perspectiva da própria criança, o ato de aprender a andar de bicicleta indica um caminho completamente oposto: aquele que culmina no crescimento. Ele não apenas enfatiza a tal infantilidade, mas a supera. Isso não quer dizer que, ao começar a pedalar de maneira independente, você de repente passe a se concentrar nas exigências teleológicas da vida adulta. Ao contrário: a sensação de crescimento vivenciada pela criança ciclista abarca um agradável sentimento de domínio, uma insinuação da destreza que as crianças associam aos adultos. Na medida em que a infância representa a gradual reclamação do terreno da incompetência em que, quando bebê, você estava metido, aprender a andar de bicicleta traz a triunfante satisfação de uma súbita aquisição de terras.

Nessa apressada conquista, o domínio que você adquire se desmembra em duas classes. A primeira é a da dominação técnica da máquina – permanecer com o guidom reto, não frear de maneira muito brusca, manter a pressão nos pedais. Contudo, por si só, essa habilidade logo se desgastaria – como quando nos cansamos de um quebra-cabeça montado diversas vezes –, e assim se faz necessário o complemento da segunda categoria: a do domínio de si. Esse domínio envolve o ato de fazer com que suas pernas realizem coisas novas junto com as mãos e os olhos, tal como a habilidade de combinar diversas faculdades. No início, por ser incapaz de se levantar sozinha e por exigir movimentos inéditos da perna e da mão, a bicicleta ameaça lançar você e seu corpo ao desalinho; porém, como um cavalo, ela também lhe oferece a oportunidade de atrelar tudo, transformando o caos em ordem. Uma vez

Aprendendo a andar de bicicleta | 49

combinados todos esses elementos, você conquista algo que não deixa de impressionar nem quando você envelhece: o equilíbrio sobre dois discos finos.

Ainda assim, o atributo de que você mais necessita para aprender a andar de bicicleta diverge bastante dessa abordagem intencional: a abertura ao risco. No fundo, aprender a andar de bicicleta se resume ao fato de que, cedo ou tarde, a pessoa que o está empurrando terá de soltá-lo. Sem querer me aprofundar demais na análise ciclística, isso desvela um momento puro de dúvida e de fé. Num contexto um tanto diferente, Søren Kierkegaard, filósofo dinamarquês do século XIX, descreveu esse momento. Seu contexto era o contexto religioso, em que ele afirmava que raciocínio algum pode conduzir à crença em Deus, pois, em determinado momento, você precisará deixar a razão para trás e dar um salto – daí o "salto de fé". A fé não é racional – o que não significa que ela seja irracional, uma vez que transcende a razão (Kierkegaard também diz que o contrário da fé não é a razão, mas o pecado). Razão e fé nunca serão contínuas – entre elas, há um profundo abismo –, e a mesma lógica se aplica ao ato de aprender a andar de bicicleta. Mas de que modo?

Ir do ser empurrado por alguém ao pedalar sozinho exige que seja realizado um enorme salto entre duas ordens do ser – entre a dependência e a independência, a segurança e o autodeterminismo –, e não a transição suave de uma para a outra ao longo de um caminho contínuo. Enquanto seu pai estiver correndo ao seu lado com a mão nas suas costas ("Não solte!"), você não estará realmente andando de bicicleta. Mais cedo ou mais tarde, será preciso assumir o controle e vencer a sombria fissura entre o familiar e o desconhecido. Você precisa se abrir ao que, segundo a filosofia kierkegaardiana, é a loucura da decisão, o vertiginoso instante em que, pelo bem da ação, a razão deve ser suspensa... Nesse momento crítico de comutação, o sucesso só vem se você prosseguir numa velocidade considerável, se você abraçar o desafio de produzir o próprio impulso para a frente; caso contrário, tudo sucumbirá no fracasso e na vergonha. Como afirmou Einstein – a quem retornaremos mais tarde – ao comparar o ato de andar de bicicleta com o ato de viver a vida: "Para manter o equilíbrio, você tem de continuar se movendo!" Quando, enfim, é bem-sucedido, você experimenta o entusiasmo da conquista. Então, junto com esse ímpeto suprarrenal, aquelas regras diferentes, novas e contraditórias se impõem, regras que dizem que, para permanecer equilibrado, você precisa se empurrar para a frente. Nesse caso, a segurança aumenta com o risco.

No geral, aprender a andar de bicicleta dá à criança um gostinho prematuro do que pode significar a vida adulta, o abrandamento do ambiente enfaixado da infância e a chegada da liberdade desafiadora da auto-orientação. Quando criança, antes de ser capaz de andar de bicicleta, você sem dúvida fora "livre", mas esse era um tipo de liberdade não verificado, uma versão restrita ao quintal, e não a um descampado – e ela, segundo o livro de Kierkegaard, não valia tanto a pena. Somente quando se junta ao medo, à dúvida e à ignorância é que a liberdade ganha credibilidade. E é esta a questão da liberdade: ela é selvagem. Dessa forma, a não ser que encare e domine a completa franqueza da liberdade, tornando-a subordinada à sua vontade, você se perde no interior dela, desfrutando de muitas opções, mas de nenhum senso de direção. Ao aprender a andar de bicicleta, você aprende o amplo horizonte que se encontra à sua frente e percebe que precisa impulsionar as rodas de sua bicicleta para atravessar aquele panorama virgem e indiferenciado. Muito rapidamente, a liberdade se transforma na obrigação de fazer uma escolha, e, com a decisão, vem também a importante rejeição de uma opção em prol de outra, a escolha de dobrar à esquerda e não à direita.

Atrelado, por assim dizer, a esse sentimento de liberdade novo e maduro que envolve a tomada de decisões, encontra-se um dos primeiros pressentimentos da verdadeira solidão. Com o papai orgulhoso e ofegante deixado para trás, você agora está sozinho, o que prenuncia o momento em que, muitos anos depois, você sairá de casa. Embora você possa orientar o guidom enquanto um amigo pressiona os pedais, o ciclismo propriamente dito equivale a ter o poder todo para si e a sofrer com aquele silêncio peculiar que acompanha o ato de andar de bicicleta: você escuta os sons que o circundam, claro, mas todos eles se unem para formar um túnel auditivo pelo qual você passa correndo, empurrando-os para o lado a fim de poder continuar. Pelo mundo, mais ciente que nunca da girândola representada pelo cenário que atravessa, você paradoxalmente entra em contato com o sentido fundamental de seu eu interior, fazendo-o de um modo que será enriquecido na hora em que aprender como guiar um carro. Você está por aí, mas está sozinho; está sacolejando pelas ruas, mas solitário; está seguindo um itinerário que, apesar de sua falta de propósito teleológico e de seus desvios arbitrários, complementa os rumos que sua vida está tomando.

Por mais insular e isolado que esse cenário pareça, o próprio fato de você estar guiando uma bicicleta, uma máquina sobre rodas, revela uma história teleológica muito mais abrangente, com a bicicleta sendo apenas mais uma invenção em meio a tantas outras. Sobretudo por ter se consolidado como um equipamento definitivamente infantil, e sendo por isso mesmo um componente vívido de nossas lembranças mais antigas, esquecemos que a bicicleta é, de fato, uma invenção bastante recente e que ela de fato exige algum engenho. Faz apenas duzentos anos – o que é surpreendente – que a bicicleta tem circulado ao lado daquele outro cavalo mecânico, o trem, cuja origem quase coincide com a dela e a transforma, de maneira um tanto cômica, num coemblema da Revolução Industrial. Por que tão tarde?, perguntamo-nos. Seria porque, ao contrário de outras bugigangas com rodas – as charruas e as carruagens de guerra –, a bicicleta foi sempre destinada a ser um veículo de lazer, estando muito abaixo na lista de invenções necessárias? Desde que o biciclo se moveu pela primeira vez como duas moedas – o que lhe valeu o nome inglês de *Penny Farthing*, recebido no período vitoriano –, poucos ganhos de produtividade foram proporcionados de maneira perceptível pela bicicleta além de riquixás; e, enquanto a roda de oleiro ou a roca de fiar podem estar vinculados ao PIB, a bicicleta continuou a ser um contribuinte secundário para a riqueza, quiçá para a saúde, das nações. É verdade que a bicicleta agora poderia desempenhar o papel oposto, reduzindo a emissão de carbono; no entanto, ela nunca chegou a ser um agente do progresso irrestrito.

Ainda assim, como se a evolução humana estivesse sob o efeito esteroides, há cerca de duzentos anos a bicicleta multiplicou repentinamente a velocidade que os bípedes alcançavam a pé. Desse modo, com seus raios e eixos se assemelhando aos pistões engenhosamente adaptados de um moinho destruído, e também com sua locomoção personalizada parecendo a promessa de um novo império, ela representa, à sua maneira, um progresso em si: de trem, você conquista extensões enormes de terra, como a Índia; então, uma vez instalado em sua plantação estrangeira, você sai para passear com sua bicicleta. Não é por acaso que damos o nome de "revolução" a essas grandes guinadas da história, sejam elas tecnológicas ou industriais; afinal, no centro dessa palavra, está aquilo que revolve, a própria roda. De fato, uma revolução não passa da aceleração dos avanços da história, o catalisador de um resultado que, sem ela, seria um processo lento, mas igualmente inevitável. A orientação permanece a mesma: o presente se dissipa num instante e se torna passado, como se o próprio tempo fosse um ciclista recurvado sobre a roda dianteira, empurrando para trás a estrada que se encontra sob ele. De acordo com essa perspectiva, a bicicleta captura, numa escala humana, aquilo que acontece no amplo desdobramento do tempo histórico. De uma só vez, ela representa o progresso e possibilita a tangível sensação de que o tempo se consome sob suas rodas. Ao aprender a andar de bicicleta, você não apenas dá um passo adiante em seu próprio desenvolvimento, mas também ecoa o processo da própria história.

No entanto, há motivos para que permaneçamos céticos diante da ideia de uma história que, como uma bicicleta, flui pela estrada do progresso. Tenho em mente Walter Benjamin, filósofo alemão que escreveu especialmente sobre os jovens entregadores de jornal que passeavam com suas bicicletas e sobre as corridas que os donos dos periódicos organizavam para eles: se ganhasse a corrida, você poderia conseguir um emprego no escritório, assim, iniciar sua carreira no jornalismo. Isso sugere um tipo simples de progresso, claro, mas, em larga escala, Benjamin se mostrava mais cético. Bastante influenciado por Marx – que afirmou, de maneira célebre, que tudo na história acontece duas vezes: a primeira como história; a segunda como farsa –, Benjamin viria a aprofundar seu pensamento e, ao mesmo tempo, alteraria a metáfora "revolucionária" a que Marx memoravelmente recorria. Para Marx, a revolução, a exemplo dos esteroides de que falamos, funcionaria como uma sacudidela artificial no desdobramento dessa história que é complacente e favorece o rico, e é por essa razão que ela é recomendada: girar a roda da história com um pouco mais de rapidez precipitaria a desejada sociedade igualitária.

Walter Benjamin, no entanto, ao mesmo tempo em que louvava esse resultado, lamentava o modo "progressivista" de pensá-lo. Conceber a história como um ciclo de revoluções políticas rumo a um esclarecimento ou uma liberdade cada vez maiores é cair numa postura messiânica diante do mundo, a qual secretamente espera que o fim da história se concretize com a chegada de alguém ou de algo que salvará todos nós ou, então, que tudo ficará melhor a longo prazo. Para explicar sua própria (e, sim, revolucionária) teoria, ele elaborou a contra-alegoria não do messias, mas do "anjo da história":

> Seu rosto está voltado para o passado. Onde vemos uma cadeia de acontecimentos, ele vê uma única catástrofe, que continua a amontoar ruínas e mais ruínas e as lança aos seus pés. O anjo gostaria de permanecer, de despertar os mortos e de reconstituir o que ruíra. Contudo, uma tempestade sopra do Paraíso; ela acometeu suas asas com tanta violência, que o anjo não mais pode fechá-las. Essa tempestade o impele irresistivelmente ao futuro a que se voltam suas costas, enquanto o amontoado de escombros cresce rumo ao céu. Essa tempestade é o que chamamos de progresso.

Como fica claro a partir do trecho acima, Benjamin muito se debruçou sobre o que julgava ser o mito do progresso, permanecendo particularmente desconfiado da ideia de que as inovações mecânicas – o trem ou a bicicleta, por exemplo – poderiam representar um ponto de preparação no caminho que conduz ao esclarecimento. Com demasiada frequência, a "modernidade" continha as sementes da própria destruição. Do mesmo modo, o "progresso" não passava de algo ilusório, destinado a justificar o avanço tecnológico pelo bem do capitalismo. A própria ideia dos "marcos" também seria suspeita. A única refutação desse mito do progresso, a única forma de acalmar essa tempestade catastrófica, seria tomar a roda da história e colocar o dedo nela, interrompendo-a violentamente e reconstituindo "o que ruíra".

No entanto, se existe uma roda em que podemos colocar o dedo, é porque, antecipando em cerca de seis mil anos a invenção da bicicleta, teve lugar a invenção da própria roda. Talvez seja bizarro perceber que foi necessário todo esse tempo para que olhassem para a roda e vissem uma bicicleta; porém, isso não é mais bizarro que o fato de a própria roda ter precisado de uma invenção. Isso sugere que o círculo, que, ao lado do quadrado e do triângulo, constitui uma das formas mais básicas que conhecemos, não é algo natural. Tudo bem, a natureza pode não ostentar "círculos perfeitos", mas você poderia muito bem achar que a elementar forma redonda, e, por isso mesmo, a roda, é algo feito por ela. Será que nossos ancestrais não olhavam para a lua cheia, por exemplo? Talvez o problema fosse seu caráter elementar: o círculo procede de um mundo platônico transcendente e perfeito, desconfortável ao ser arrastado para a terra, transformado em roda e utilizado com finalidades tão práticas. Contudo, uma vez inventada – e pressupondo que tenha existido esse momento de descoberta –, a roda se tornou um agente indispensável do desenvolvimento humano, dado que ela encarna, antes de mais nada, o milagre da alavancagem, a ideia de que pouco esforço pode se transformar em inúmeros resultados.

Obviamente, você não precisa dos ambientalistas para descobrir como a bicicleta é eficiente e, ao aprender a dominá-la, parte de seu espanto encontra-se na demonstração prática da lei da alavanca: a exemplo do que se dá com os cisnes, a parte de cima de seu corpo permanece relativamente composta enquanto o chão debaixo de seus tornozelos fica para trás; com algumas contrações dos músculos da coxa, você facilmente se lança para longe de seu responsável... Então, à medida que seu pai se apequena sob seu olhar, você poderia também intuir as diferentes sensações que ambos experimentam. Ei-lo ali, pequeno, estático, satisfeito por ter impulsionado aquele jovem principiante; você, por sua vez, sente o vento rápido no rosto, ao menos tão rápido quanto o sopro de ar recebido no momento em que você cambaleava quando bebê. No entanto, essa diferença de perspectiva traz mais do que apenas efeitos psicológicos, visto que, aí, também está em jogo a teoria da relatividade.

O lendário cientista que inventou essa teoria não falou do ciclismo apenas como metáfora para a vida; temos também uma foto memoravelmente encantadora em que ele está pedalando como um louco e de maneira bastante infantil – bem ao contrário de Paul Rayment e de J. M. Coetzee, seu criador supostamente carrancudo. A esse cenário infantil em que a criança aprende a andar de bicicleta, a ideia parcialmente séria, parcialmente estapafúrdia, da relatividade einsteiniana – a ideia de que a realidade varia de acordo com o seu ponto de vista – pode ser muito bem aplicada. Em primeiro lugar, a diferença entre a sua experiência e a experiência de seu pai indica que não há qualquer posição absoluta a partir da qual é possível afirmar o quão rápido você se encontra. Você tem uma percepção própria, seu pai também; ambas têm seu valor, mas não são iguais. Numa distância tão pequena, é claro, as diferenças serão quase ínfimas; para atribuir-lhes uma realidade experiencial, seria preciso pedalar em Marte – isto é, a uma distância suficiente para que as realidades começassem a divergir de maneira mensurável. Ainda assim, as diferenças existem. Como isso é possível?

Quando você aprende a andar de bicicleta, tem a impressão de que o parque em que pedala é um contêiner fixo e de que a bicicleta o está atravessando. O espaço assume a forma do parque e o tempo assume a forma das pedaladas que levam você de um lado ao outro. Nesse modelo, o tempo e o espaço são elementos relacionados, mas diferentes: como a faca e o garfo, eles se complementam, são muitas vezes concebidos em conjunto, mas também são distintos. Contudo, por mais consensual que possa ser esse modelo, ele não capta a verdade mais verdadeira da situação. Imagine que a faca e o garfo fossem soldados e se transformassem num único polígono metálico distendido; ou então, para usar a imagem preferida dos físicos, imagine que o parque, o céu que está ao seu redor, você e sua bicicleta sejam uma vasta folha dotada de leves declives ou curvas. O espaço e o tempo constituem uma única dimensão. No entanto, embora seja "uma única dimensão", esse *continuum* entre o espaço e o tempo é algo profundamente local, de modo que meu espaço-tempo é sempre um pouco diferente do seu. Isso dá a entender que a posição de seu pai ali, ao lado, é completa em si; seu ângulo de visão é um tanto diferente do seu, mas isso não o torna menos autêntico. Ao contrário do que eu sugeri antes, não há uma única realidade objetiva interpretada de duas maneiras subjetivas e discrepantes, e sim duas realidades separadas, talvez quase idênticas. A conclusão é a de que você deve estar pedalando em duas velocidades simultâneas e em dois mundos diferentes: o seu e o de seu pai. É como se você fosse clonado.

Se tal é a complexidade do universo como um todo, o ato de aprender a andar de bicicleta a ecoa num nível particular. Aprender a andar de bicicleta envolve o domínio da máquina e de si; um salto de fé rumo a um tipo de solidão pronunciada; sem falar na possibilidade de sofrer uma batida, como no caso de Paul Rayment. Porém, uma vez conquistado tudo isso, torna-se estranho o fato de, como a natação, o ciclismo não ter de ser aprendido novamente. A exemplo do que acontece com a maioria dos clichês, esse também é verdade: você nunca esquece como andar de bicicleta. É como se, do mesmo modo como as vacas possuem dois estômagos, os homens tivessem duas memórias, uma para a mente e outra para os músculos – daí a nossa "memória muscular". Mesmo após um longo intervalo de tempo, os membros do seu corpo sabem exatamente o que fazer quando você sobe numa bicicleta, ainda que sua mente tenha esquecido qual foi a última vez em que você pedalou: o arquivo relacionado ao ciclismo permanece armazenado em algum lugar supreendentemente próximo ao plano de sua memória física. E, se o ciclismo pode *virar* algo instintivo, o instinto também pode, paradoxalmente, ser assimilado. Nós pensamos no instinto como um reflexo que nos é inato, mas talvez as coisas não funcionem sempre assim. Andar de bicicleta é algo altamente mecânico, mas ainda assim se torna um costume. Ao contrário de tocar piano ou de falar alemão, atividades que podem ficar bastante enferrujadas com o tempo, pedalar sobre uma bicicleta é um talento que permanece imaculado, pronto para ser reproduzido a qualquer momento. Poucas são as coisas na vida que você pode simplesmente retomar com qualidade; com a bicicleta, porém, por mais velho que você seja, é possível abraçar a infância novamente. No final das contas, talvez Paul Rayment não fosse tão tolo assim.

5
Fazendo provas

RESPONDA a TRÊS das seguintes perguntas. Você tem TRÊS horas para isso.

1. De que maneira, se houver alguma, podemos dizer que a música tem sentido?
2. O quão útil pode ser falar sobre um *yin* e um *yang* nas diferentes dinastias imperiais chinesas?
3. O direito internacional se baseia no princípio da igualdade soberana dos Estados?
4. Os romanos sempre desejaram traduzir do grego com precisão?
5. A concorrência entre empresas é produtiva?
6. Por que os poetas do inglês antigo e do inglês médio sonhavam, e com que objetivo?
7. As nações possuem um direito de autodeterminação que outros grupos culturais não têm?

Essas são perguntas reais, retiradas de antigas provas aplicadas aos interessados em se tornar um membro do All Souls College, de Oxford. Essa é uma posição que tenho a sorte de ocupar: ela está entre as principais do mundo acadêmico, com benefícios proporcionais ao seu prestígio. Entre eles: salas localizadas num pátio construído por Nicholas Hawksmoor e que têm vista para um relógio de sol concebido por Christopher Wren, um ex-membro;

os serviços de um criado pessoal, que age como "pombo correio" e o ajuda com sua toga antes do jantar; jantares à luz de velas, com, digamos, filés de carne bovina e *tarte tatin*, acompanhados por uma "sobremesa" composta de um clarete advindo de uma das melhores adegas do mundo; uma doação periódica de vinhos; a ilustre companhia da aristocracia acadêmica mundial; sem falar nos sete anos de liberdade ininterrupta que lhe permitem seguir a própria inclinação intelectual.

Também proporcional, porém, é o processo a que você deve se submeter para ser aceito (pressupondo que você já tenha, como cartas na mesa, um diploma de primeira classe emitido por uma universidade conceituada). Primeiro, temos a entrevista supostamente informal com o diretor, o "chefe da casa", em sua vila paladiana anexa à faculdade. Nenhuma pergunta difícil é proposta e é possível ir embora sem arriscar alguns comentários sobre Homero, Hegel ou Heisenberg; no entanto, essa continua sendo uma etapa do processo que deve ser encarada com seriedade. Em seguida, temos a prova – ou melhor: as provas. São seis, cada uma durando três horas. Duas, das quais foram retiradas as questões acima, versam sobre as disciplinas em que você é especialista: inglês, história, direito etc.; outras duas dizem respeito a temas genéricos, ou seja, política, cultura e tópicos atuais. As últimas talvez sejam as mais peculiares. Aquela relacionada à tradução envolve a entrega de um livreto com até vinte trechos em prosa, cada qual num idioma diferente: você é convidado a traduzir quantos você desejar no tempo disponível. Você também pode exigir outro idioma, caso os oferecidos não sejam suficientemente abrangentes ou exóticos – copta ou basco, por exemplo. A última etapa, do ensaio, é muito mais diminuta. Ela abrange um único termo, constituindo este o título de um tema sobre o qual você deve improvisar com a autoridade e a inteligência de um jovem dr. Johnson. Os exames passados incluíram, entre outras, as palavras "Ilusão", "Memória", "Discrição" e "Gosto".

Como se esses testes não testassem o suficiente, você é obrigado a se submeter a uma "entrevista" mais formal no salão comunitário revestido de madeira, onde cerca de vinte membros se reúnem, com suas predatórias togas negras, apenas para não deixar morrer o seu ímpeto. É preciso comparecer também a um coquetel preparado para você e para os outros examinados. Então, se seus testes forem assinalados – e, assim, você for elencado como candidato para a única ou para as duas vagas oferecidas todo ano pela faculdade, numa escolha destinada a coincidir com o Dia de Finados em novembro –, você encontra sua última batalha. Por si só, ela consiste em duas etapas. Chamado a se apresentar num sábado à tarde, você é entrevistado por toda a confraria da faculdade – isto é, setenta membros, todos autoridades importantes em suas respectivas áreas, muitos deles nobres, uma espécie de "quem é quem" vivo do *establishment* intelectual. À extremidade de uma mesa infinita e coberta de baeta, você se senta para encarar perguntas diretas sobre o que você escreveu em seus testes e comentários capciosos de membros que desejam saber do que você é feito. Para a noite, seu paletó é substituído por um *smoking*, quando então você é convocado, pela última vez, para o culminante jantar, no qual seu talento para a conversa, sem falar em sua capacidade de manejar uma série de talheres de prata e um conjunto de taças de vinho, é colocado sob um exame igualmente exigente.

Por mais que pareça ter saído da pena de Dickens, por mais que pareça algo de outro mundo e de outra época, o processo do All Souls apenas intensifica o que se aplica a todos os exames e o paradoxo que os motiva – a saber: o fato de que a meritocracia produz uma elite. Sim, é verdade que poucos títulos poderiam ser mais glamourosos em termos acadêmicos do que o de Prize Fellow; porém, o rigor pelo qual os membros são premiados também não poderia ser maior. Na verdade, este fato é consequência daquele, com o próprio conceito de exame sendo moldado como um funil. Na parte superior, ele se abre com um convite para que as mais diversas pessoas tentem a sua sorte; prevalece o espírito esportivo. Na parte inferior, tudo se estreita drasticamente, permitindo apenas que um punhado de candidatos passe adiante, reduzindo aquele espírito para que reste apenas uma pequena união de bem-sucedidos. Isso faz com que os exames sejam, ao mesmo tempo, o mecanismo mais e menos democrático a ser utilizado rotineiramente; a meritocracia só acompanha a democracia até certo ponto, quando então dá meia-volta e se opõe a ela. Esse é um paradoxo que angustiou Max Weber, fundador da sociologia moderna. Ele assinalou que, por um lado, os exames envolvem "a seleção daqueles que se qualificam em todas as camadas sociais, e não o domínio dos notáveis. Por outro lado, a democracia receia de que um sistema fundamentado no mérito e em certificados educacionais resultará numa 'casta' privilegiada". Portanto, se os exames pintam e bordam com a democracia, por que os endossar? O sociólogo francês Pierre Bourdieu diria que a principal função deles é ornamentar o examinado com as "quinquilharias simbólicas" que o fazem parecer parte do *establishment* – ou seja, não se trata de sua capacidade mental, mas apenas de ser reconhecido, de modo justo ou não, por quem é importante e bom. Ainda assim, se você vê a democracia como igualdade, não desejando impor qualquer tipo de prova aos candidatos para um cargo, precisaria haver postos suficientes para todos. Em outras palavras, os exames só passam a ser irrelevantes quando existe muito mais trabalho a ser feito do que pessoas que possam fazê-lo.

De acordo com um segundo paradoxo, porém, o *crème de la crème* produzido pelos sistemas democráticos de exames muitas vezes se vê destinado a servir o povo, e aí as coisas mudam de direção – afinal, a origem do sistema de exames coincidiu com a necessidade de uma administração social. Ao menos foi esse o caso da China antiga, onde primeiro se conceberam as provas. Um país daquele tamanho necessitava de um considerável efetivo administrativo, uma força de trabalho capaz de manejar seus ofícios, e isso implicava um recrutamento elaborado de acordo com um novo processo seletivo. Colocado em prática, ele pode muito bem ter gerado aquela "casta" privilegiada, mas também produziu os recursos necessários para que o Estado pudesse administrar a si próprio. A verdadeira origem das provas, portanto, encontra-se não na democracia ou na meritocracia, mas na burocracia. Trazendo consigo um aparato que perdura hoje sem qualquer alteração fundamental, os exames surgiram não apenas na China, mas nas atividades, menores, do serviço público francês e britânico, que o copiaram como se colassem numa prova. Vem daí a palavra "mandarim".

Assim como seus paradoxos, esses sistemas, focados sobretudo nas proezas acadêmicas, possuem deformidades mais óbvias. Eles dão a entender que você só precisa de cérebro para administrar o país, e não para algo prático; desse modo, quando o teto de uma escola apresenta goteiras ou um hospital pega fogo, não há nada que os intelectuais possam fazer. Dito isso, porém, a abordagem chinesa, por estar fundamentada em Confúcio, na verdade colocava a sabedoria atrás das virtudes da autodisciplina e do saber desinteressado. No entanto, ninguém menos que Platão achava que os Estados deveriam ser administrados pela *intelligentsia*; sua grande obra de teoria social, a *República*, organizava explicitamente as pessoas em ordem de importância, colocando os burocratas inteligentes no topo. No entanto, fosse na China, fosse na Grécia, o sistema de exames visava produzir homens que, intelectual e/ou moralmente, estivessem prontos para servir. O objetivo dos testes, portanto, sempre foi claro: gerar os guias da nação.

Talvez a clareza dessa ideia original infelizmente não tenha sido transmitida à vida moderna, e agora ficamos confusos quanto ao propósito dos exames. Poderíamos fazer legitimamente, hoje, qualquer uma das seguintes perguntas: seriam os exames basicamente uma porta de entrada para o próximo estágio educacional, qualquer que seja o seu conteúdo? Seriam eles um teste de memória com o objetivo de ver se você prestou atenção às aulas? Uma forma de passar o tempo e dar uma estrutura artificial ao que seria um ano letivo informe, como soldados rasos encarregados de esfregar com uma escova de dentes o chão em que passa a parada militar? Ou seriam eles apenas uma forma de punição debilmente camuflada? Por acaso, eles chegam a lhe fornecer as habilidades de que você necessita, ou, como se exigissem que um aspirante a juiz corresse uma maratona, eles cobram façanhas excelentes cuja relação com seu futuro emprego é extremamente tênue? No que diz respeito aos exames, é bastante possível que tenhamos conservado a prática, mas esquecido seus propósitos. Ou, para darmos uma definição negativa à meritocracia, o objetivo do sistema de exames talvez seja apenas o de reduzir o nepotismo. Sem os exames, aquela elite simplesmente se reproduziria, contratando uma próxima geração à sua imagem e semelhança (não que isso não possa acontecer de qualquer forma). Nesse caso, os exames constituem o correspondente intelectual do tabu do incesto, o qual também tem como objetivo diversificar e fortalecer o *pool* de genes que se perpetuará. Ninguém se mete para tentar mexer seus pauzinhos ou ser ajudado, sendo esse um princípio abstrato que se torna fortemente palpável quando, na escola, você enfrenta sua primeira bateria de provas formais. Além de recorrer às suas faculdades mentais, você encara o desafio, mais intimidador, de ter de agir sem qualquer auxílio – afinal, o que define o ato de ser examinado é, mais do que qualquer outra coisa, o fato de ele não poder ser delegado; enquanto você se posiciona em sua carteira, alinhando nervosamente a caneta e a régua, ninguém pode intervir em seu favor. Nesse aspecto, fazer provas se assemelha a procedimentos mundanos, como o de tomar banho, e a outros acontecimentos grandiosos, como o da circuncisão – dos quais nenhum se presta a terceirizações. Do mesmo modo, fazer provas tem muito em comum com o nascimento (sem falar naquilo que se opõe ao nascimento), uma experiência de isolamento que, no caso dos exames, é reforçada no dia em que é divulgado o resultado: é impossível permutar suas notas.

Contudo, há muito mais do que a mera solidão. Levemente diferente dela – próximo do isolamento, mas mais parecido com a consciência –, o estado a que um exame o impele é aquele que faz com que você olhe para o seu interior de maneira franca e potencialmente aterrorizante. Nesse pavoroso momento de avaliação, você percebe com excepcional clareza o quão vazio ou cheio realmente se encontra o seu copo mental, o quão prudentemente você tem poupado seus recursos e o quão preparado você está para a iminente tarefa. De fato, uma prova fornece informações incontestáveis sobre quem você é e com que diligência tem tratado o dom de ser você. Pequeno arauto do Juízo Final, esse primeiro julgamento revela você como você, e, assim, o desafio cerebral inclui também uma dimensão irredutivelmente moral. Com quem você se compara? Ao perder seus sustentáculos, o que lhe resta? Você é alguém com conteúdo ou alguém que tem se escondido atrás dos outros? Talvez isso nos ajude a explicar o nervosismo que antecede os exames – não se trata apenas da prova, mas também de perder todos os outros sustentáculos, como os professores que o encorajam. Não é de surpreender que as pessoas sonhem com as provas mesmo depois de seu término: um teste é um trauma, e os traumas reaparecem nos sonhos.

Isso é assustador. Ao mesmo tempo, porém, e apesar da opressiva singularidade da experiência, todo esse esquema é – e assim deve permanecer para se opor ao nepotismo – completamente anônimo. Para evitar preconceitos, o seu nome é negado ao examinador e você recebe um número. Sem qualquer identidade, você está à mercê daqueles algarismos. Eles penetram muito mais profundamente do que o seu nome, o qual é friamente desprezado, como se fosse um vestígio patético de sua personalidade. Quando as coisas ficam difíceis e até mesmo as perguntas o deixam atônito, você não pode dizer "Mas eu sou o Robert!", visto que, quando o assunto são provas, apenas o conteúdo de suas respostas conta, independentemente da personalidade que se encontra por trás delas. O número mantém sua fria imparcialidade ao longo de todo o processo. Nisso está implícito, é claro, que as respostas não deixarão transparecer sua personalidade – algo que acontece com mais facilidade nas provas de matemática do que nas provas de literatura, as quais, sendo em grande parte um exercício de interpretação, podem muito bem revelar um traço idiossincrático de seu estilo pessoal (sem falar na traição da caligrafia). Ainda assim, o princípio do anonimato se aplica e o priva, tal qual a um prisioneiro, não apenas do conteúdo de seu bolso, mas também de seu patronímico. Assim despido, você então é convidado, da maneira mais investigativa possível, a demonstrar suas habilidades – e apenas as suas. Em suma, fazer uma prova talvez seja, de uma só vez, a experiência mais pessoal e a menos personalizada de sua vida.

E assim o exame começa: "Vocês já podem virar as provas." Você passa então a ser "vigilado", e essa vigília garante que ninguém falará nada e que o silêncio externo contrastará claramente com a comoção mental que se passa no interior de cada cabeça inclinada. As perguntas sobre as quais você estivera especulando finalmente se revelam, sendo previsíveis, imprevisíveis, fáceis, difíceis, justas, injustas ou apenas desconcertantes. Agora também o relógio começou a tiquetaquear, transformando em realidade premente o outro eixo do exame: enquanto o primeiro eixo do gráfico se refere ao quanto você sabe, o segundo registra quanto tempo lhe resta para demonstrá-lo. O conhecimento se opõe ao tempo, sendo essa uma competição cruel sobretudo por exigir que a natureza do conhecimento seja recolhida e desenvolvida num ritmo furtivo e calculado. O exame zomba disso tudo, fazendo do conhecimento um esporte. E, por ser ele um esporte, a prova se torna tão visceral quanto intelectual, fazendo pulular a adrenalina e rimbombar o próprio coração, feito um despertador.

Não é à toa que, para muitos, essa experiência pode ser opressora; e também não é à toa que essas pessoas procuram colar. Afinal, embora tendamos a tratar a cola como uma trapaça, ela é mais comumente um sintoma do medo, da apreensão justificavelmente sentida nesse momento de provação. Além disso, há uma graduação que vai da fraude grave – violar o cofre do gabinete na noite anterior para roubar as provas – às patéticas artimanhas amadoras que não chegam a ser infrações propriamente ditas. Estas últimas incluem escrever com uma letra maior para engrossar seu pífio conhecimento sobre determinado assunto; cercear os riscos de uma prova de tradução ao borrar excessivamente uma palavra; e marcar duas respostas num exame de múltipla escolha quando apenas uma é exigida. Em seguida, temos os crimes um pouco menos perdoáveis, como o de escrever coisas na parte de dentro do punho da camisa ou nas dobras de um curativo, ou então o de colocar uma cola no banheiro para que ela seja consultada quando a natureza o convocar. Tudo isso é trapaça, claro, mas também revela seu otimismo receoso diante de uma humilhante ignorância.

A mais perigosa das técnicas, porém, talvez seja a de copiar algo diretamente do vizinho. Por um lado, isso pode parecer cumplicidade; no entanto, o que torna o ato de copiar uma forma arquetípica de cola é o fato de ela ser uma expressão extremamente simples e ingênua da própria incapacidade, uma admissão nua e crua de que a solidão não terá espaço. Esse é o instante em que você passa a dar valor à cê-dê-efe que até então desprezava ou difamava. Lá está ela, o cabelo amarrado atrás da cabeça, o corpo parecendo um feixe de intensidade e diligência mental. A extremidade de sua folha permite que você espie exatamente o que precisa, e assim você cai em tentação.

Esse parece outro momento moral – e de fato o é. No entanto, copiar as respostas de alguém é algo que carrega consigo questões igualmente filosóficas. O conceito de cópia serviria como base para grande parte do pensamento de Jacques Derrida, por exemplo, pensador que tivera de vencer os obstáculos probatórios que separavam sua educação em Argel e a magnificência das Grandes Écoles de Paris, as instituições mais procuradas da França. Digamos que você esteja fazendo uma prova de geografia e encontre a pergunta: "Qual a capital da Espanha?" Para seu desespero, você não consegue lembrar, então estica o pescoço na direção da mesa da cê-dê-efe à esquerda, desejando que seu ombro saia do caminho. Em seguida, nos rabiscos dela, você vê que a resposta começa com a letra "M" e, uma vez refrescada a memória, você escreve de maneira nervosamente triunfante a palavra *Madri*. Bem, para que essa cena venha a ocorrer, a palavra Madri precisa se mostrar copiável, ela não deve estar limitada à prova da outra menina. E daí?

Não importa quantas vezes eu a escreva ou diga; é impossível exaurir a palavra "Madri". Recurso inesgotável, ela acede de bom grado em ser explorada *ad infinitum*. Na verdade, é exatamente por as palavras serem copiáveis – e de maneira inesgotável – que o exame precisa impor restrições contra isso; se os vocábulos não fossem copiáveis, aquele vigilante poderia ir para casa. A copiabilidade – ou "iterabilidade", nos termos de Derrida – indica que, até mesmo quando as palavras são usadas, parte delas passa despercebida. Toda vez que é proferida ou escrita, uma pequena quantidade do vocábulo se detém, deixando de ser utilizada nesse momento em particular e permitindo que a palavra possa ser utilizada novamente. Expressando isso em termos mais simples, toda vez que você escreve ou diz uma palavra, ela só está presente na medida em que está ausente – ausente no sentido de que não se entregou completamente ao contexto imediato, mas está se disponibilizando para outros contextos, em outros momentos. Sua inexauribilidade indica que ela nunca está inteiramente presente, e, assim como o vocábulo *Madri* escrito na folha da menina está equipado com uma rota de escape de si próprio – um túnel secreto que lhe permitira escapulir do papel dela e ser registrado no seu –, uma vez em seu teste, ele se torna copiável de novo.

Se você comprar o raciocínio de Derrida, verá como, por consistir amplamente em palavras, o próprio conhecimento se torna um recurso livre. Ninguém o detém definitivamente: somos apenas zeladores. Quando se trata de exames, você nunca pode ser testado "de acordo com os seus conhecimentos", mas apenas de acordo com sua capacidade de armazenar temporariamente um modesto arsenal de saberes. Realmente, o fato de continuarmos a esquecê-lo insinua que o conhecimento jamais nos penetrou o suficiente para definir-nos, e também que o conhecimento nada tem a ver com a identidade – nós apenas o tomamos de empréstimo quando necessário. Deixando a sala de testes pela última vez, você já terá esquecido alguns dos principais dados que, na noite anterior, haviam sido revisados com tanta persistência e que, naquele momento, eram tão vitais para o seu futuro.

Quando enfim lhe dizem para colocar a caneta sobre a mesa, toda a tensão e toda a preocupação reunidas podem ser libertadas. Um jubiloso alívio o invade, tal como a satisfação de ter se submetido ao teste e (na maioria dos casos) de jamais ter de fazê-lo novamente. Você mostrou que merecia, que fez o que era preciso, que deu duro, e agora pode passar o bastão para a geração que vem aí. Por essa razão, o júbilo experimentado ao final dos exames é também uma expressão dos ritmos geracionais, da comunicação de um marco histórico que a turma anterior teve de transmitir e que a turma futura, como soldados que ainda não estão em serviço ativo e que observam as tropas endurecidas pela guerra, também terão de repassar. Os americanos falam da "classe de 2011", por exemplo, como a representação acadêmica de um estágio quase biológico. As provas constituem um arco sob o qual desfila um conhecimento que é mais do que efêmero: lembranças comuns, amizades, antagonismos, tudo comprimido sob aquele ínfimo espaço. Os exames fazem com que nos sintamos parte de uma trupe, pois, embora exponham nossa solidão existencial, quase sempre são feitos em grupo. Talvez seja isso o que diferencie o ato de fazer provas da maioria dos outros marcos da vida, os quais tendem a indicar exclusivamente o progresso do indivíduo. É extremamente singular, claro, que algo tão intenso e privado ocorra numa quantidade tão grande – é o equivalente acadêmico do casamento em massa –, mas é isso o que permite que a tropa deste ano se reúna logo em seguida para refletir, processar, deplorar, celebrar e, geralmente, relaxar.

6
Dando o primeiro beijo

ALÉM DO SEU, me pergunto se este primeiro beijo não seria o mais memorável de todos os tempos:

ROMEU: Se minha mão profana o relicário
em remissão aceito a penitência;
meu lábio, peregrino solitário,
demonstrará, com sobra, reverência.
JULIETA: Ofendeis vossa mão, bom peregrino,
que se mostrou devota e reverente.
Nas mãos dos santos pega o paladino.
Esse é o beijo mais santo e conveniente.
ROMEU: Os santos e os devotos não têm boca?
JULIETA: Sim, peregrino, só para orações.
ROMEU: Deixai, então, ó santa! que esta boca
mostre o caminho certo aos corações.
JULIETA: Sem se mexer, o santo exalça o voto.
ROMEU: Então fica quietinha: eis o devoto.

Por mais memoráveis que sejam esses famosos versos de Shakespeare, você os compreenderia de maneira completamente diferente da dos alunos do Ocidente se os estudasse num país do Bloco do Leste antes do colapso do comunismo. Nos EUA e no Reino Unido, lhe perguntariam sobre a emoção suscitada pela linguagem sensorial de Romeu e Julieta, sobre a riqueza de seu significado, sobre a genialidade de seu autor. Por outro lado, na URSS ou na China maoísta, seu professor lhe solicitaria demonstrar a estrutura de rimas do soneto (o primeiro diálogo entre Romeu e Julieta forma um soneto perfeito), enumerar as consoantes de cada verso e definir a relação sintática entre as orações. Assim, você poderia responder que a métrica segue um "pentâmetro iâmbico" rigoroso – cinco pés por verso ao longo de dez sílabas; que a letra "s" no original inglês aparece 42 vezes, em 13 dos 14 versos; e que essa proporção indica um uso mais frequente da letra "s" do que o normal da língua inglesa. Qualquer palpite sobre o significado do poema, sem falar no sentimento que ele evoca, seria visto no máximo como algo irrelevante – e, na pior das hipóteses, como algo perverso, motivo pelo qual Shakespeare, cujo talento artístico é tão difícil de ignorar, se complicou com os censores comunistas. Por mais artística que fosse, a literatura deveria ser tratada como ciência, algo cujo exagero natural precisa ser mantido sob controle, como um jardim selvagem.

O mesmo se aplicava ao beijo propriamente dito, tema e clímax do *tête-à-tête* de Romeu e Julieta. Dizem que o dicionário soviético da língua russa definia o beijo em termos puramente mecânicos – ele se resumia ao contato mútuo das membranas bucais, à produção elevada de saliva, à ativação de determinadas terminações nervosas. Qualquer elemento romântico ou sexual do beijo era excluído e todo o ato vinha reduzido a seus componentes funcionais. Por acaso, uma série de dados científicos interessantes foram descobertos mais recentemente sobre o beijo: o fato de nossos lábios possuírem a camada de pele mais fina do corpo humano; de eles estarem dotados de um quociente extraordinariamente alto de neurônios sensoriais, os quais lançam impulsos ao cérebro; de o beijo ser capaz de reduzir o estresse; e de os casais, de maneira um tanto inexplicável, virarem a cabeça para a direita com uma frequência duas vezes maior do que para a esquerda.

Dando o primeiro beijo | 71

Tente dizer tudo isso a Romeu e Julieta. Sua poesia empolada mostra que o beijo não poderia estar mais longe do factual e do funcional. Não, beijar é uma questão de deleite, um delicioso esconde-esconde tão leve quanto uma pluma e tão solene quanto as orações a que os amantes de Shakespeare fazem alusão. O beijo paira como uma rede que captura todos os sentimentos conturbados – esperança, expectativa, ansiedade, curiosidade, alívio, abandono. Ele espera zombeteiramente por ambos ao final do soneto, abençoando o milagre do amor à primeira vista. Ao ouvirmos as palavras de Romeu e Julieta, temos vontade de dizer que, antes de mais nada, o beijo revela haver mais mistérios e maravilhas no mundo do que sonha a ciência.

Interessante, porém, é o fato de essa incredibilidade romântica se acentuar, e não diminuir, diante dos elementos formais – da estrutura científica – dos versos, assim como o fato de os próprios jovens parecerem pouquíssimo cientes disso. Os "s" repetidos, por exemplo, fazem com que os versos soem como o beijo da cena, em especial porque esse "s" muitas vezes vem acompanhado de um "p" – não apenas na palavra inglesa para lábio, *lips*, mas também em *palmers*, *prayer's* e *pilgrims*. Toda vez que Romeu ou Julieta falam, eles repetem pelo menos uma palavra essencial que o outro acabara de enunciar, como se os destinos de ambos estivessem se entrelaçando por meio de cada letra desses vocábulos. Os dois últimos versos criam não apenas um dístico, mas um casal – eles revelam a união e a simetria entre os pombinhos. Disso resulta que as supostas polaridades da formalidade e do gracejo se entrançam e, como os amantes, se tornam uma só coisa: o verso ata os sentimentos ilimitados dos dois e, ao fazê-lo, aumenta a prazerosa tensão; parte daquele engenhoso júbilo vem da alusão a esses sentimentos por meio de uma linguagem extremamente formal. Desse modo, Romeu e Julieta brincam com as palavras um do outro através de uma carícia verbal em que a formalidade da linguagem corresponde e burla a formalidade do galanteio. Antes de Romeu e Julieta enfim se beijarem, suas palavras se beijam, e é exatamente ao escolher esses vocábulos que os dois exibem a destreza labial que a existência do beijo exige, fazendo seus lábios se moverem com as palavras como se ensaiassem o *finale* desse encontro teatral. Afinal, antes do primeiro beijo, cada amante é para o outro apenas um conjunto de palavras, e, por isso, tais palavras são inconscientemente levadas a imitar – e, portanto, precipitar – o beijo que prenunciam. Ao mesmo tempo, por saberem que o beijo é certo, ambos procuram adiá-lo, e cada expressão passa a postergar e garantir o momento do êxtase.

Na narrativa de Shakespeare, um beijo não é apenas um tema poético: ele se torna poesia. Espécie de fórmula literária, o beijo move a boca para criar formas belas – como a de um coração – e atrair o outro. Quando este outro se aproxima, o beijo se apresenta como uma agradável rima entre dois rostos que se encontram com ternura. O beijo também desfruta daquela extraordinária mistura poética de formalidade e liberdade, solenidade e sensualidade, rito e romantismo. Afinal, ao contrário do ato de aparar a grama ou de passar uma roupa a ferro, não há qualquer conclusão natural ao beijo, nenhum estágio em que não haja mais nada a ser feito. Nisso ele se distingue do sexo, não objetivando qualquer clímax, qualquer termo em que o desejo, ainda que por apenas um instante, é apaziguado. Se não precisassem dormir, comer ou ir ao banheiro, os amantes seriam capazes – e provavelmente o fariam – de se beijar para sempre.

A não ser que, por acaso, você seja um adolescente. De acordo com os estereótipos de gênero, o adolescente só consegue tolerar essa falta de limites por pouco tempo. Na expectativa de desviar a carruagem do beijo para a trilha das preliminares – o qual lhe daria um destino específico –, ele fica frustrado se o beijo permanecer obstinadamente na estrada infinita que não conduz a lugar algum, sendo tão doce e insubstancial quanto um algodão-doce. O adolescente deseja que seu primeiro beijo se torne seu último beijo, de modo que ele possa passar para formas mais sérias de fusão. Enquanto isso, para a adolescente estereotipada, aquele beijo pode muito bem não ter objetivo algum. Para ela, um beijo conta como beijo ainda que ele apenas a conduza a outros beijos, cada um apinhando um momento de fruição. Além disso, ela talvez se satisfaça com essa prorrogação exatamente porque o primeiro beijo pressagia o primeiro coito; sua presteza para multiplicar os beijos pode equivaler àquele momento doce, mas apreensivo, em que ela é violada. O beijo atesta, ainda que de maneira silenciosa, o desabrochar da sexualidade. No soneto, a linguagem dos peregrinos e dos santuários mostra, na gravidade subjacente à sua sutileza, que a santa das santas – a inocência virginal de Julieta – provavelmente será invadida em breve (e nós já sabemos que seus pais gostam da ideia de casá-la). A pureza, que era até então sagrada, será suplantada por uma sensação física, mundana e real. Como a peregrinação a que se referem Romeu e Julieta, ela invoca um destino misterioso, um lugar brumoso que oferece um conhecimento superior e, segundo dizem, "bíblico".

Há ainda um fato mais inquietante acerca do passatempo do beijo, e ele também é insinuado por Shakespeare: o primeiro beijo aponta para a morte. Isso se dá, em parte, porque o beijo é um rito de passagem que mostra que você deu outro passo para longe do nascimento e em direção ao outro lado. Em Shakespeare, a premonição da morte, essa qualidade espectral do beijo, encontra-se na referência às estátuas pétreas dos santos e na fatalista alusão à boca como túmulo – o túmulo em que Romeu e Julieta tragicamente terminam –, sendo a língua como o corpo paralisado ou ativo em seu interior. Ao beijar alguém, você assinala algo sobre o destino – "selando com um beijo". De certa forma, ele é a legitimação do relacionamento. Afinal, um relacionamento sem beijo, como um casamento sem sexo, não é confirmado. Você pode dizer que seu relacionamento é casto, que ele se encontra num plano superior, mas o beijo serve para assinar o contrato de vínculo, para torná-lo literalmente mais próximo. O beijo forma uma cola entre dois indivíduos que dura até muito depois de as bocas estarem secas novamente. Embora o número de pessoas com quem dormimos possa ser maior do que o número de pessoas com quem casamos, e embora as beijemos mais do que as levemos para a cama, não há como negar o laço ao mesmo tempo físico e metafísico do beijo, em especial do primeiro. Ao se unir dessa forma, você diz ao seu parceiro que, a princípio, foi estabelecido um pacto que não pode ser desfeito com facilidade. Partilhável apenas por duas pessoas, o beijo funciona como uma assinatura ou um penhor, assim como um segredo comum. Mesmo repleto de importância, beijar continua a ser, por si só, uma atividade estranhamente vazia, algo como comer sem ter comida. Semelhante ao choro, o beijo parece ter um gatilho interior, mas sem apresentar qualquer benefício externo. Enquanto o sexo pode ao menos ter a procriação como objetivo, nada pode ser alcançado por meio do beijo e, dessa forma, ele se torna sua própria finalidade. Talvez seja por isso que o beijo é sempre pessoal, ao passo que o sexo – seja bom ou ruim – pode ser reduzido a uma transação anônima (daí as "profissionais do sexo"). Essa completude autossuficiente do beijo nos remete à poesia e, de modo mais geral, à arte, ao menos na teoria de Immanuel Kant, que escrevia – talvez apropriadamente – durante o despontar do romantismo alemão, no final do século XVIII. Lutando para adaptar a arte ao contexto mais geral da razão, Kant notou que ela se mostra "proposital sem propósito", como um suprimento sem demanda. Pense só num quadro: ele parece belo e, ainda que pareça dizer algo, faz sentido por si só; no entanto, afora o fato de poder ser trocado por dinheiro, ele não tem utilidade alguma para ninguém. O quadro possui a motivação de algo propositado, mas nada o exige; essencialmente gratuito, ele compensa o fato de não ter sido solicitado criando uma exigência para si. Bem, essa definição pode ter duas consequências para o beijo. Concebido e transmitido como se possuísse o mais importante dos propósitos, cada beijo sugere algo significativo ao mesmo tempo em que é uma atividade amplamente redundante. Nada resulta do beijo enquanto beijo, e ninguém solicitou que os amantes se beijassem; uma vez iniciado o ato, porém, eles continuam como se aquela fosse uma tarefa urgentíssima. Como a arte, o beijo é propositado sem ter propósito.

O beijo também encarna o conceito kantiano do sublime. Hoje em dia, a palavra "sublime" descreve uma beleza ou um assombro inigualável, mas originalmente era algo mais ambíguo. O sublime representava uma distante área entre a razão humana e o confronto com Deus, aquele local em que a ponderação lógica se esgota e, repentinamente, a gigantesca presença do Senhor é apreendida. Como tal, o sublime causava, no mínimo, tanto terror quanto prazer. Nele, corríamos o risco de nos perder na agitação da intensidade divina, e é particularmente isso o que se aplica ao beijo, que também conduz à desorientação. Seus olhos estão fechados, seu corpo está comprimido contra o corpo de outra pessoa, e, quanto mais você faz aquilo, mais deseja fazê-lo – sendo esse um apetite que, de uma só vez, alimenta e estimula a si próprio. Tudo isso recende a loucura, um período de suspensão da luz do dia, um paralelo sublime e autoanulável com o sentido kantiano. E, como você não pode falar e beijar ao mesmo tempo, a língua do beijo substitui por completo a língua materna. O beijo se torna silêncio, o discurso racional é extirpado, e assim ficamos literalmente atônitos. Como as figuras petrificadas de Pompeia, nós ficamos sublimemente paralisados, em posição estupefata, fixos a outra pessoa, e isso inibe não somente a fala, mas também a mobilidade. Não é por acaso que, ao falar do beijo, Shakespeare faz alusão a pedras esculpidas.

Essa petrificação se torna evidente no beijo da imponente escultura de Auguste Rodin – a qual, se não tão famosa quanto as figuras de Romeu e Julieta, ao menos se encontra em pé de igualdade com os casais de Brancusi, Doisneau e outros. De fato, na arte o beijo é um subgênero próprio, sendo talvez um meio-termo entre o retrato duplo e o nu. Embora a história da estatuária esteja cheia de figuras seminuas e de erotismos explícitos – pense na *Vênus de Milo* ou no *Davi* –, *O beijo* conserva uma franqueza erótica impressionante, resultando num impacto dramático que parece fundamentado numa série de contradições. Para começar, a nudez privada dos corpos é publicamente exposta; em seguida, temos o contraste entre a intimidade do toque das figuras e o enorme tamanho de ambas; e, por fim, percebemos a tensão entre a ternura do contato e a rudeza do mármore (o trabalho que

Rodin faz com o mármore está muito distante das obras requintadas da Grécia clássica). Essa pedra trabalhada dá continuidade às contradições ao tomar algo essencialmente fugaz – o beijo – e transformá-lo, como um fóssil, em algo permanente. Isso não quer dizer que os beijos não possam ser prolongados – e os primeiros estalinhos logo dão lugar a longos beijos de língua; porém, uma sessão de beijos demorados é composta de inúmeros beijos individuais, tal como de pausas e de recomeços insaciáveis. Do mesmo modo, não devemos ignorar a oposição – ou melhor, a união – física fundamental: aquela entre o homem e a mulher. Ele é muito maior do que ela, e o beijo de ambos insiste nessa assimetria: quando de pé, a mulher precisa se equilibrar na ponta dos sapatos e o homem precisa se curvar.

Acima de tudo, porém, e talvez representando o sublime kantiano melhor do que qualquer outra coisa, está o fato de os dois amantes parecerem inegavelmente humanos e impressionantemente divinos. Como se o beijo de fato abrisse um canal entre o mundano e o celeste, as figuras de Rodin, em especial a mulher, parecem prestes a ser arrebatadas. Um beijo pode selar, mas também anuncia uma abertura ou desaferramento, um passo rumo a outra dimensão, seja ela teológica, mítica ou apenas fantasiosa. Do beijo dado num sapo ao beijo dado na pedra da torre do Castelo de Blarney, na Irlanda (dizem que isso concede aos suplicantes o dom da eloquência), a coragem necessária para travar esse confiante contato traz recompensas desproporcionais. De modo semelhante à perda da virgindade (veja o próximo capítulo), o beijo lhe dá a chave de um reino outrora apenas imaginado, de um jardim secreto repleto de prazeres. Por que o beijo possui esse caráter fabuloso? Bem, se existisse mágica, ela provavelmente se valeria do beijo: ambos jogam com a margem que separa a substancialidade da insubstancialidade. O beijo desaparece quando se concretiza, sendo cada estalo uma lufada de fumaça. E, como o beijo marca o primeiro uso significativo dos lábios desde a amamentação, ele carrega consigo algo de extravagante, nostálgico e fantasioso. Sim, o ato de beijar pode ser praticado com grande gravidade e deliberação, mas uma alegria não tutorada o condiciona, como se todo beijo fosse roubado numa casa na árvore – ele é algo furtivo, lépido e, de certa forma, inventado. O beijo é, ao mesmo tempo, real – e as evidências assim o comprovam – e irreal; ele não pertence muito bem ao mundo, e, até mesmo no meio de um corpo a corpo prolongado, os dois amantes, tão presentes ao corpo do outro, existirão também em outro lugar.

Dizer que a sexualidade do beijo já se prefigurava na vida infantil é, obviamente, um juízo psicanalítico. O analista britânico Adam Phillips descreve o ato de beijar desta maneira. Quando bebês, época em que usamos a boca para sugar o leite do seio da mãe, tanto a alimentação quanto o prazer se fundem. Seria possível até mesmo dizer que o fato de esses dois elementos ainda não estarem dissociados é o que define a infância: não há distinção entre sentir prazer pela boca e alimentar-se pelo mesmo orifício. É apenas com o despertar das comoções sexuais que passamos a isolar a gratificação erótica das necessidades básicas de sustento.

Até aí, tudo bem. Só que há uma armadilha. Naqueles anos de infância, aprendemos que nosso prazer depende de um "objeto", isto é, de outro corpo, o qual nada mais é do que o corpo da mãe; quando, porém, ela nos desmama, seu corpo passa para o segundo plano, deixando-nos desejosos por substituí-lo. No entanto, por ainda estarmos um pouco distantes da puberdade – época em que se começa a buscar um corpo independente que não é o da mãe –, trocamos nossa mãe por nós mesmos. Deixamos de nos alimentar no seio da mãe e passamos a querer nos autoalimentar, desenvolvendo, no processo, o narcisismo ou o amor-próprio. Infelizmente, porém – ou felizmente, dependendo de como você olhar para isso –, nós não podemos nos beijar na boca. Podemos, sim, nos comprimir contra a superfície fria e insatisfatória do espelho, mas isso só torna mais agudo o sentimento crônico de perda que devemos suportar até encontrarmos outro objeto adequado para os lábios.

Phillips se estende sobre a imagem da boca que beija a si própria, e há ainda outras peculiaridades nessa interpretação psicanalítica. A mais óbvia encontra-se no fato de nosso primeiro beijo agir para reparar uma perda: a perda do seio materno que deixou de amamentar. Ou então, para usarmos a teoria alternativa de Desmond Morris, o antropólogo zoológico, talvez seja o caso de o beijo ter origem nas mães primatas que mastigam o alimento como forma de digeri-lo previamente para sua prole. Quando a mãe passa a comida mastigada para seu filho, as duas bocas entram em contato, indicando que o beijo pode ser bom em virtude de um antigo vínculo de sustento. De todo modo, assim como o primeiro beijo representa um passo adiante em nossa jornada, ele também remonta àquele momento de plenitude do nosso passado, como uma espécie de nostalgia física. Isso sugere que o primeiro beijo nunca é o primeiro, mas sempre o terceiro. O primeiro ocorre no período em que se está nos braços da mãe; o segundo, com aquela fracassada tentativa de beijar a si próprio. Então, se o terceiro beijo – isto é, o primeiro beijo dos tempos de vida madura – traz alívio, é porque "purifica" – repetindo e transcendendo de uma só vez – a experiência daqueles dois. Isso não quer dizer que você esteja beijando sua mãe ou você mesmo, e sim que um traço dessas experiências permanece, acrescentando uma profundidade histórica àquele momento arrebatador na pista de dança ou atrás do galpão, quando, pela primeira vez, você junta seus lábios aos de outrem de maneira claramente amadora. Naquele momento, pode parecer que todo o mundo converge para você e seu beijo; pode até mesmo parecer que não existe mais o tempo; no entanto, há sob ele camadas autobiográficas que remontam aos seus primeiros dias no mundo.

Desse momento em diante, a boca se redefine. Embora o beijo traga alguma gratificação – tal como no sexo oral, provavelmente o próximo marco a que ela se encaminha –, essa gratificação é mais voluptuosa do que a satisfação de necessidades. Assim como o paladar fica mais sofisticado com o tempo, tornando menos importante a eliminação da fome, também a boca busca formas de prazer mais refinadas. E, se seu beijo vier acompanhado de comoções amorosas, sua boca também procurará palavras novas –

a versão moderna do soneto de Romeu e Julieta – e adequadas ao deleite proporcionado por sua experiência, palavras cuja própria pronúncia lhe será prazerosa. Assim, embora possamos pensar nas crianças como seres bucais, descobrimos na vida adulta maneiras diversas de conservar e variar o prazer que a boca é capaz de oferecer. Apesar de não podermos falar durante o beijo, no final das contas ele acaba dizendo muitas coisas.

7
Perdendo a virgindade

QUANDO MADONNA estourou no cenário pop mundial com "Like a Virgin", essa canção extremamente superficial trazia camuflada uma profundidade peculiar. Batizada em homenagem à mãe de Cristo, aquela era uma mulher altamente sexual, a qual cantava sobre a virgindade – algo que ela claramente já perdera havia algum tempo – e, de forma deliberada ou não, evocava a grande fábula cristã da partenogênese, também conhecida como nascimento virgem; ao mesmo tempo, sua descarada sexualidade zombava de tudo. O fato de Madonna Ciccone ter crescido numa família de devotos praticantes só tornava as coisas ainda mais curiosas. A insipidez da canção poderia indicar outra coisa, mas, para qualquer um que se dispusesse a percebê-las, as ironias eram ricas.

Essa divisão entre a frivolidade e a profundidade mítica capta bem a ambivalência da postura moderna diante da perda da virgindade. Por um lado, conservá-la é motivo de risadas, como no filme *O virgem de 40 anos* ou nos versos burlescos de "Four and Twenty Virgins", destinados a provocar risinhos pueris por toda parte. Mas por que isso é tão engraçado? Não é apenas porque a virgindade diz respeito ao sexo, e sim porque ela está relacionada à ansiedade que o envolve. Em parte, isso se dá por haver algo de patético, ingênuo ou vulnerável naqueles que ainda não atravessaram o rio da iniciação: nós nos sentimos superiores a eles, que, na distante margem, parecem pequeninos. Do mesmo modo, isso em parte também se dá porque nós mesmos nos sentimos aliviados por termos passado ilesos para o outro lado. Perder a virgindade equivale a ganhar maior aceitação.

No entanto, para os jovens que estão prestes a perdê-la, aquela grande ansiedade se transforma facilmente numa verdadeira apreensão, trazendo uma série de preocupações que vão da parte física à parte emocional. Cumprirei bem o meu papel? Será esta a pessoa certa? Sentirei dor? Consulte a coluna de aconselhamento adolescente de qualquer periódico e você encontrará os mesmos receios repetidos sem cessar. Eis um exemplo retirado de um jornal online:

1. Se você acha que seu parceiro não a respeitará caso você mude de ideia sobre alguma coisa, você não deveria estar transando.
2. Uma vez perdida, você não pode recuperar a virgindade. Por isso, assegure-se de que você está transando pelos motivos certos. Chantagens emocionais – como "Se você me amasse, faria isso" – ou a pressão dos amigos – como "Todo mundo está fazendo" – não são razões adequadas para se tornar sexualmente ativa.

O sexo poderia ser divertido, mas a oficiosidade sisuda de tais advertências não tem como consequência involuntária e inútil apenas a transformação de algo já desafiador em algo ainda mais assombroso. Embora seja o suprassumo da experiência corporal, algo que finalmente coloca a razão de lado em nome da intimidade e do prazer, a primeira relação sexual deveria ser encarada, de acordo com esses veteranos, com o nível máximo de alerta ligado. Felizmente a maioria dos adolescentes não liga muito para conselhos. Se ligasse, o mundo talvez parasse de girar.

Essa solenidade culmina, ou talvez tenha origem, na religião com a qual a artista Madonna possui uma relação tão singular. Talvez pudéssemos descrever o catolicismo como o culto da virgindade; no entanto, a própria virgindade nada mais é do que uma solução para um enigma teológico. No momento em que você adere à ideia de Deus que vira homem, precisa explicar como ele de fato veio ao mundo. Se você disser que ele deriva exclusivamente de mortais, ele não pode ter nascido de Deus – e, o que é ainda menos defensável, ele se torna o produto de uma relação sexual, algo muito provavelmente inapropriado. Além disso, se você afirmar que ele apenas veio à Terra como um meteoro, ele não chega a ser, de fato, Deus feito homem – ele seria apenas um deus, por assim dizer. A única opção que resta é aquela sobre a qual se fundamentou esta crença: a da contradição lógica do nascimento virgem. Essa é a única forma de explicar um deus que se faz homem.

Porém, longe de ser a distorção da lógica que parece ser, a ideia de um nascimento virgem deve ser lida como algo genuinamente misterioso, e, ao lado dos retratos da milagrosa aparição de Cristo, os milhares de quadros renascentistas que representam Nossa Senhora com Cristo celebram esse triunfo da sublimidade sobre os sentidos, do arrebatamento sobre a razão. Desse modo, o manto azul tradicionalmente utilizado por Maria nesses retratos serve como um véu que separa os dois reinos, como se ela dissesse: "Por trás desse constructo tecnicamente ridículo, há uma verdade mais profunda." E, uma vez superada – ou ao menos suprimida – a contradição, o menino Jesus pode se tornar tão rechonchudo e carnudo (na arte italiana), ou tão rígido e fenecido (na alemã), quanto desejarem os artistas.

Pegue a mais famosa de todas as Marias: a *Virgem das Rochas*, de Leonardo da Vinci. Numa gruta de formas rochosas salientes, Maria está sentada com Cristo aos seus pés; o menino abençoa o jovem João Batista enquanto o anjo Uriel observa a cena. Como muitas de seu gênero, a pintura parece expressar um amor infinito por parte da mãe. Segundo o filósofo alemão G. W. F. Hegel, imagens como essa de fato nos permitem apreciar o amor espiritual em sua forma mais pura. O amor entre mãe e filho já desfruta de um requinte especial, e a virgindade de Maria, sua inocência sexual, concentra esse amor ainda mais; afinal, no que diz respeito à concepção, nenhuma circunstância sexual interferira para humanizá-lo em demasia e, assim, reduzi-lo. Ainda mais importante é o fato de, para Hegel, a virgindade de Maria tornar possível que o espírito divino se manifeste. Para ele, o mundo inteiro seria feito de espírito, mas apenas quando o espírito fosse literalmente trazido à Terra é que ele deixaria de ser algo meramente ideal. A virgindade de Maria, portanto, era o canal perfeito para que o espírito adentrasse o mundo: ele pôde chegar à Terra e alcançar sua realidade sem comprometer a própria pureza. Hegel descobrira ainda outro caminho para contornar a autocontradição do nascimento virgem, pois, ao dar à luz Cristo, Maria também estava dando à luz o espírito do mundo. A visão de Hegel pode ser levada ainda além. Tal como indica o título *Virgem das Rochas*, não é o pequeno Messias, mas Maria mesmo, quem possui o posto principal, tendo seu corpo no centro de uma tela que encontra em seu rosto luminoso o clímax. Contudo, enquanto essa disposição define a importância de Maria e a coloca em primeiro plano, ela também recua. Ao mesmo tempo em que é a figura central, ela é um mero pano de fundo para aquele episódio grandioso que se desenrola ao redor de seu manto: o primeiro encontro entre Cristo e João. Isso sugere que é sua inocência, sua virgindade, o que permite que outras coisas aconteçam, do mesmo modo como, pouco tempo antes, seu corpo permitira o nascimento de Cristo; assim como ela fora o receptáculo que Deus utilizara como mãe, sua inocência marca um recuo que permite o avanço de Jesus. Pelo bem do mistério do Deus que se faz carne, Maria se deixa obliterar. Em outras palavras, sua virgindade possibilita uma forma de sacrifício próprio. Ela diz: "Faço-me pequena para que você possa ser grande." De acordo com essa lógica, perder a virgindade é o mesmo que sacrificar a possibilidade do sacrifício.

É provavelmente esse sacrifício próprio o que motiva o celibato das freiras. Perder a virgindade não apenas macularia seus corpos ou as distrairia das orações, mas também impediria a oferta sagrada de si próprias (a palavra "sacrifício" significa "tornar sacro"). Obviamente, as freiras são alvos especiais das piadas juvenis e das insinuações sexuais, e isso em virtude de tudo aquilo que já mencionamos. Porém, por ser voluntária e por se voltar para um persuasivo mistério religioso, a virgindade que elas ostentam conserva uma qualidade venerável, a qual, como seus corpos, exige uma deferência que está acima e além do humor. O mesmo se aplica aos monges, exceto pelo fato de que, por serem homens, a virgindade deles, ou ao menos seu celibato (você pode se tornar celibatário, mas jamais pode se tornar virgem), está mais relacionada ao domínio de si, ao banho de água fria dado às chamas do desejo.

Comum tanto às freiras quanto aos monges, e criando uma corrente subjacente a todas as ideias que fazemos da virgindade e da importância de não a perder, encontra-se uma nostalgia da inocência que remete ao Jardim do Éden. Ao conservar-se puro, você se alinha com o mundo anterior à Queda, mantendo sob controle as corrupções da carne. Nesse gesto de autopreservação, encontramos até mesmo a tácita aposta de que, se não sucumbir à luxúria, você poderá permanecer imortal, tal como aconteceria com Adão e Eva se eles não tivessem cedido à tentação. Isso faz com que a inocência tome parte na eternidade e, quando as meninas púberes falam em se "resguardar" – ou escutam de suas mães que devem fazê-lo –, temos aí traços desse ideal sobrenatural. Esse ideal inclui a fantasia de que o próprio tempo pode parar, mantendo nossa vida intacta e livre de incidentes, como naquele jardim original e isento de pecados.

Além disso, se eu falo dos meninos, e não das meninas, é porque, embora as diferenças de gênero estejam sendo suprimidas, quando o assunto é virgindade, as coisas ainda acontecem de maneira diferente com as mulheres. Segundo insinuava nossa conselheira, a perda da virgindade feminina pode equivaler à perda do respeito, e isso de tal modo, que seu próprio valor moral é colocado na balança. Enquanto esse mesmo momento conduz o homem a um ganho de credibilidade, para a mulher essa perda é em geral mais ambivalente. Mas por quê? Sem dúvida, os mitos religiosos relacionados à inocência desempenham um papel subliminar nisso. Menos impalpável é o fato de que é a menina quem pode engravidar. Há ainda razões evolutivas que explicam o fato de as mulheres serem mais cautelosas na hora de se entregar a alguém: engravidar sem um parceiro fixo é algo que traz consigo uma sensação real de vulnerabilidade, a qual não é experimentada por aquele que, causando a gravidez, ainda pode fugir e se salvar caso julgue necessário. Isso sem falar na diferença química que faz com que as mulheres contenham uma quantidade maior de ocitocina, substância associada aos relacionamentos de longa duração. Sua presença sugere que, para as meninas, perder a virgindade não significa apenas transar ou engravidar, mas a expectativa de embarcar ou se envolver numa relação. Acima de tudo isso, existe a perfuração do hímen. Enquanto, para o menino, perder a virgindade pode deixar sequelas emocionais, mas não corporais, para a menina existe sempre a possibilidade de ser descoberta, e, em algumas partes do mundo, os testes de virgindade ainda desempenham um papel que não é apenas antropológico. Dizem que, antes de jurar fidelidade ao príncipe Charles, a própria *lady* Diana Spencer precisou se submeter a esse exame – como se ingressar na família real não fosse provação suficiente. Talvez surpreenda o fato de o hímen ter sido ainda o foco de outra forma de exame: o exame filosófico. O próprio Jacques Derrida (aquele que nos ajudou a entender a cola no capítulo sobre as provas) nutriu grande obsessão pelos véus – como o manto azul utilizado por Maria –, interpretando o hímen como um exemplo especial dessa barreira que separa o mundo exterior do santuário interno. Segundo ele, que por sua vez remete a Nietzsche, existe ao longo da história do pensamento ocidental uma associação metafórica entre a mulher e a verdade – nenhuma das duas era autoevidente, nenhuma das duas se revelava de imediato, nenhuma das duas se fazia inteligível de cara. Assumindo um caráter enigmático por meio do véu ou do hímen, tanto a verdade quanto a mulher exigiam que os homens praticassem artimanhas sutilíssimas a fim de penetrar seu significado. Além de sua função fisiológica, o hímen serve para elevar o mistério que se encontra por trás dele, como se a sedução sexual fosse uma forma de invadir aquele solo sagrado em que é possível obter o conhecimento.

Por mais pomposo que isso possa parecer, Derrida está apenas adentrando uma fenda do pensamento que tem sido explorada desde os gregos. Um bom exemplo desse vínculo entre a virgindade e a verdade mística seria o Partenão em Atenas. Como na "partenogênese" que mencionei no início deste capítulo, a palavra "Partenão" significa virgem, sendo esta a alcunha da casta Atena, deusa que deu nome à cidade. Essa construção era, obviamente, um templo, composto de aposentos internos e externos que davam acesso a áreas sagradas e proibidas, dissimuladas pelo véu. Nesse sentido, o templo se tornou a forma arquitetônica do corpo da deusa: o templo era ela. Pense também nas virgens vestais de Roma, cujo trabalho era cuidar do fogo que ardia nos lugares mais recônditos do templo (a propósito, vem daí o nome da marca de fósforos Swan Vestas). De todo modo, a virgem protege não apenas a própria virgindade – mantendo-se, assim, *virgo intacta* –, mas também uma verdade rara, destinada apenas aos confiáveis. Coloque isso em termos psicológicos e você verá que é como se o motivo que leva a menina a ficar tão reticente acerca de sua virgindade estivesse ligado ao sentimento de que ela está deixando o namorado ter acesso ao que possui de mais verdadeiro.

Derrida caracteriza o hímen como uma "tela protetora, a caixa de joias da virgindade, a partição vaginal, o véu delicado e invisível que, diante do *hystera* [o útero], se posiciona entre o interior e o exterior da mulher e, por conseguinte, entre o desejo e a satisfação. Ele não é nem o desejo nem o prazer, mas se encontra entre os dois". Assim, se o hímen se encontra antes da verdade, ele também se encontra antes, ou no caminho, de uma satisfação extasiante. Mas do que é feito o êxtase sexual? Por que motivo os adolescentes, a despeito de todas as advertências, do risco de gravidez, da ansiedade e do medo de desperdiçar uma verdade sagrada, ficam tão centrados nesse rito de passagem? O prazer esperado deve ser bem grande para compensar todas essas desvantagens. O que é, então, que os atrai?

Em certo nível, a vontade de transar e de perder a própria virgindade se assemelha ao desejo de andar que abordei anteriormente.

Independentemente da pressão dos colegas, você está biologicamente preparado para passar por essa etapa da vida, ainda que o ato de andar possa parecer mais essencial; desse modo, aqueles que não conseguem perder a virgindade em geral atestam não a falta de desejo, mas de oportunidade. Isso quer dizer que "desejo" talvez não seja a palavra certa para designar o propósito do adolescente que passa por sua primeira vez: o que existe é algo que não está tanto sob o nosso controle. Sim, existem também outras decisões, mas esse é um processo natural que só pode ser evitado com muito esforço. Tal processo natural possui também um lado inquietante. Ao tornar-se sexualmente ativo, você também se torna, de uma só vez, mais e menos útil à sua espécie. Mais útil porque você se torna capaz de gerar filhos e, assim, conservá-la; e menos útil porque, ao invocar a próxima geração, sua primeira transa declara que sua própria obsolescência foi desencadeada. Se você é capaz de fazer sexo, em teoria também é capaz de ser sobrepujado por sua prole. Dessa forma, embora a perda da virgindade possa parecer o início de uma grande jornada sexual, ela também é o começo do fim.

No início, temos a impressão de que Sigmund Freud, teórico supremo da sexualidade e da fantasia precoce, deseja ver essa leitura do sexo como um prenúncio da morte. Ele chama de "Eros" o desejo de sexo e de "Tânatos", o seu inimigo. Enquanto o Eros diz respeito à libido, ao contato com os outros, ao crescimento e à mudança, Tânatos despreza todas essas coisas positivas e se esforça para destruí-las. Tal como a Ordem e o Caos, Eros e Tânatos são colocados como os pilares metafísicos entre os quais se desenrola todo o teatro da vida. Desse modo, nós encenamos um cabo de guerra entre essas forças contrárias de expansão e contração: nós nos entregamos ao trabalho, mas, em seguida, retornamos; nos apaixonamos desesperadamente, mas depois nos recolhemos em nós mesmos – e assim por diante.

Porém, à medida que o pensamento de Freud se desenvolve, a fronteira entre Eros e Tânatos começa a esmorecer, e ambos passam a se comportar de maneira semelhante. Paradoxalmente, Freud percebe que o objetivo de nosso desejo sexual é o seu desaparecimento: ao mesmo tempo em que desejamos o sexo, vivemos num estado de frustrada agitação, o que, para ele, é aquilo que o ego menos consegue tolerar. Nós acharíamos melhor levar uma vida pacata, mas, de modo igualmente paradoxal, assim que perdemos a agitação, nós retornamos a um estado de contentamento inerte que é quase indistinguível da morte. Não é o orgasmo, e sim a calma que o sucede, aquilo que desejamos, e esse relaxamento final promete a tranquilidade mortal que tem nos motivado ao longo de todo o processo. Eros passa a parecer suspeito, tal como o Tânatos a que ele inicialmente se opunha.

Tudo isso significa que perder a virgindade pode ser uma forma de afirmar duas coisas. Primeiro, a necessidade, experimentada de maneira penetrante por adolescentes sobrecarregados de hormônios, de domar a agitação sexual que os arrebata, de satisfazê-la e, assim, conseguir alguma folga das incessantes provocações. Não é fácil ser adolescente e estar à mercê da própria libido, e o sexo é tanto a causa quanto a consequência da perturbação que ela gera. Depois, perder a virgindade e alcançar essa satisfação temporária equivalem a recuperar, numa escala local, o estado de inércia que prevalecia até mesmo antes dos parceiros sexuais nascerem e serem lançados nesse terreno mosqueado de desejos parcialmente recompensados. Para Freud, a ânsia pelo sexo – a qual é praticamente igual à ânsia pela morte – tem como objetivo o retorno a um estado de simplicidade definitiva que prevaleceu há muito tempo, antes mesmo de os seres humanos serem as criaturas complexas que são hoje. Se a vida é insuportável, não é apenas porque nossos desejos não param de nos atormentar, mas também porque nos tornamos extrema e poderosamente desenvolvidos, de modo que preferimos desfazer a evolução e retornar ao estado unicelular. A calma que acompanha a satisfação sexual representa a repetição muda, mas altamente valorizada, daquele estado primitivo; assim, o caminho que culmina na perda da virgindade é desviado rumo à origem das espécies.

Perdendo a virgindade | 89

Neste capítulo, dei atenção especial aos adolescentes e, também, à suposição de que a primeira relação sexual se dá antes do casamento, sendo assim uma experiência ou um experimento amplamente desligado de responsabilidades maiores. Embora a perda da virgindade ainda conserve grande parte de sua gravidade, é provável que poucos adolescentes ocidentais esperem que seu primeiro parceiro também seja o último. Ainda assim, poucas gerações se passaram desde a época em que perder a virgindade equivalia a casar-se, e a expressão "noite de núpcias" é um eufemismo para a iniciação sexual. Esse tema é retomado por Ian McEwan em seu romance *Na praia*, de 2007. Ambientada na Inglaterra de 1962 – ano que, segundo o mordaz poeta britânico Philip Larkin, antecedeu o início do ato sexual –, a história de McEwan vê Edward e Florence ingressando num hotel à beira-mar na noite de suas bodas. Os dois estão tomados de apreensão: ela, porque teme o instante em que será "penetrada"; ele, porque está extremamente nervoso com aquele aguardado momento.

Como resultado, temos uma ejaculação precoce seguida pela vergonha, pela recriminação do ocorrido e pela anulação do casamento. Isso é uma tragédia não apenas porque os recém-casados se amavam verdadeiramente, mas porque, segundo insinuou Larkin, 1962 marca o último ano do século XIX, tornando impossível que ambos discutam abertamente o que ocorrera e façam reparações. Ambos são vítimas de seu tempo, e o próprio casamento dos dois é sacrificado por esse puritanismo anacrônico que não faz bem a ninguém. Em parte por causa daquela longa história cristã e de sua idolatria por Maria, a virgindade havia se tornado uma questão de silêncio reverencial ou de seriedade eclesiástica, dois fatores que não fazem com que ninguém se torne bom de cama na noite de núpcias. Assim, se, vinte anos depois, Madonna Ciccone conseguiu colocar, por contraste, a virgindade no centro das atenções, nós provavelmente lhe devemos alguns agradecimentos.

8
Passando no exame de direção

PARA COMPREENDER AS diferenças culturais que distinguem os países, existe algo pior do que comparar suas regras de trânsito. Coloque, lado a lado, a regulamentação dos sinais manuais do guia do Departamento de Veículos Motorizados da Califórnia e aquela que se encontra no Código de Estradas do Reino Unido. Neste último, uma pequena figura coloca sua mão nervosa para fora de um carro *hatch* azul real, indicando que fará uma curva à direita. Na versão californiana, o carro é um conversível amarelo, grande e descolado, e, sob o ar do Pacífico, o homem que o dirige estende seu braço desleixadamente, trajando uma camisa de mangas curtas e de cor fortemente vermelha. Quase tudo o que você precisa saber sobre as duas culturas se encontra nessas imagens.

No entanto, até mesmo no Reino Unido, a expansividade americana contagia a cultura da direção, e, quando os adolescentes britânicos se matriculam nas aulas, eles não desejam apenas adquirir a competência técnica necessária para operar uma máquina de quatro rodas: como os jovens de todo o mundo, eles imaginam horizontes se expandindo à sua frente. Não é dirigir o que importa quando você passa na prova de direção, mas o potencial dessa conquista – e é isso o que torna a carteira de motorista uma prima do passaporte que ela imita, fazendo também com que o primeiro carro, por mais destruído que possa ser, seja sempre um navegador conversível amarelo.

Esse sentimento é muito bem capturado pelo título do ensaio que Andrew O'Hagan publicou na *London Review of Books*: "Um carro só para si". Enquanto são nossos pais ou o transporte público que, antes de tirarmos a habilitação, nos carregam por aí – em ambos os casos, dependemos de outras pessoas –, a possibilidade de dirigir esboça a afortunada perspectiva da independência.

Passar na prova marca um momento que segue dois caminhos: olhando por sobre o seu ombro, ele remete ao corte do cordão umbilical; olhando para frente, vê a aquisição de seu primeiro apartamento – obviamente, o ensaio de O'Hagan faz alusão a *Um quarto só para si*, romance de Virginia Woolf. O carro oferece ao recém-habilitado um espaço no qual ele pode se expressar sem a interferência da sociedade. As regras de trânsito podem estar lá, mas, se comparadas com a alegria de ver as outras regras deixadas na calçada – as regras que lhe dizem o que fazer na escola, em casa ou no trabalho –, elas são insignificantes. O carro é um castelo, e cada motorista é um déspota que, ao painel, pode fazer as coisas como quiser, virando o volante de acordo com a própria vontade e, assim, influenciando o próprio destino.

Como o quarto de Virginia Woolf, o carro funciona como metáfora para a mente e suas associações livres, sendo uma gruta de autoexploração em alta velocidade: o terreno mental percorrido conta tanto quanto a geografia que o carro atravessa. Passar no exame de direção, portanto, é ser admitido num mundo em que você explora as suas próprias profundezas e, da cabine, olha pelo para-brisa do mesmo jeito como vê, com os olhos, o mundo exterior ao crânio. Se é verdade que "você é o que dirige", também é verdade que dirigir faz com que você seja ainda mais você; afinal, essa atividade o conduz a um estado de contemplação ou introspecção que diverge bastante dos rangidos e da agitação do tráfego que se encontram do outro lado do capô.

Escrevendo em meio ao cerco sufragista do início do século XX, Woolf acreditava que, a exemplo dos homens, as mulheres deveriam ter acesso aos clubes, às bibliotecas e às salas de jantar utilizadas para relaxar a cabeça; elas também precisavam ter a oportunidade de encontrar a própria vocação; desse modo, o "quarto só para si" se tornou tanto um eufemismo quanto um lema para a emancipação feminina, exigindo o domínio de um espaço que não o da cozinha. Desse modo, as ideias de Woolf inspiraram gerações de mulheres e forneceram fundamentos sólidos para muitas obras feministas, incluindo o filme de 1989 que assume e inverte a forma, tradicionalmente masculina, do *road movie*. Refiro-me a *Thelma & Louise*, película dirigida por Ridley Scott e estrelada por Susan Sarandon e Geena Davis. Nela, vemos a apropriação desse proeminente gênero masculino e sua transformação numa busca feminina pela justiça; além disso, suas perguntas prementes questionam o domínio dos carros como domínio que se encontra exclusivamente no mundo dos homens.

A odisseia em que embarcam as heroínas epônimas é desencadeada assim que Louise atira num homem que tenta estuprar sua amiga Thelma. Quando a dupla foge da cena do crime e se atola involuntariamente em problemas cuja resolução é cada vez mais difícil, o ato de dirigir se torna a exploração não apenas do eu, mas do eu como algo inegavelmente genérico. É impossível para os homens, diz o filme, viver em ponto morto – e isso nos dois sentidos. Embora sejam vítimas, Thelma e Louise também são mulheres e, por essa razão, são tratadas como criminosas, como infratoras de uma lei que a própria Louise, ao abrir fogo contra o agressor de sua amiga, tentara cumprir. Enquanto o carro é, para os homens, uma promessa de liberdade, para as mulheres, ele é um horripilante processo de encarceramento. Quanto mais dirigem, mais culpadas elas se tornam, o que sugere que passar no exame de direção pode ter conotações diferentes para os homens e para as mulheres. O próprio fato de os carros serem tão associados aos homens cria uma injustificada desconfiança das mulheres que se sentam no banco do motorista.

Dessa forma, ao sequestrarem, em prol das mulheres, o *road movie* masculino, Thelma e Louise expõem os pressupostos que relacionamos à vida ao volante; e, embora sejam incapazes de subvertê-los, as duas ao menos sentem o gostinho da liberdade na estrada que, de outra forma, lhes seria negada, a exemplo do que se dá com o uísque que bebericam ao longo do caminho. Quer dizer, até a hora em que não há mais estrada. A história alcança seu clímax no alto de um penhasco, com aquele Ford Thunderbird verde de 1966 (por si só, um brinquedinho masculino clássico) despencando vertiginosamente no Grand Canyon. A própria paisagem simboliza miticamente o avanço gaúcho pela última fronteira, sem falar em sua correspondência com o outro gênero cinematográfico que *Thelma & Louise* reinterpreta: o *western spaghetti*. O carro pode ter substituído o cavalo, mas o encontro com o Oeste selvagem é igualmente primal, e as apostas, igualmente altas. Rodeadas por uma fileira de veículos policiais que demarca o que poderia muito bem ser o OK Corral, as mulheres, vislumbrando uma vida atrás das grades ou algo ainda pior, afundam o pé no acelerador e se atiram do desfiladeiro.

O vínculo entre o cavalo e o carro é importante, e não apenas porque a carruagem antecipou o automóvel, porque encontramos no *western spaghetti* o antecessor dos *road movies* ou porque a equitação tem sido tão associada aos homens quanto a direção de veículos motorizados – algo de que nos recordamos diante de *chivalry*, palavra inglesa que se refere ao hábil cavaleiro e que é utilizada para falar do galanteio, e de *caballero*, palavra espanhola que significa cavaleiro e que se aplica aos fidalgos. Se foi no início do século XX que a substituição do cavalo pelo carro começou a sério (deixando de lado o Ford Mustang, que tentou combinar os dois), esse período coincidiu, sem qualquer coincidência, com o período do modernismo que Virginia Woolf acabou por representar tão bem. Movimento ostensivamente artístico e literário, o modernismo nutriu um fascínio pelos carros, pelos aviões e por outras máquinas desenvolvidas na época. Seria isso peculiar? Não mesmo; afinal, tudo aquilo era moderno.

Naqueles artefatos recentes, porém, o modernismo via um futuro notavelmente bifocal. Por uma das lentes, encontrava-se o apocalipse. Lá estava o carro suplantando o homem e ameaçando destituí-lo de sua humanidade, e assim as vozes mais reacionárias da época condenaram o chamado "triunfo da máquina" como o arauto do Armagedom. Essas previsões não estavam totalmente erradas, e, muito em breve, Henry T. Ford inauguraria uma era na qual a produção em massa do carro, ao mesmo tempo em que anunciaria a liberdade para todos, também escravizaria os responsáveis por montá-lo. Em pouco tempo, o carro passou a ser usado como sinônimo para a produção em larga escala, e a "modernidade" acabou por se tornar não uma reunião de vanguarda, mas a busca de uma racionalização que inexoravelmente substituiria os seres humanos pelos robôs que, de todo modo, eles estavam se tornando.

Pela outra lente, no entanto, o carro, assim como o avião, parecia anunciar a satisfação tardia do potencial divino do ser humano. Artistas modernistas como Marinetti e Epstein criaram esculturas e desenhos que vinculavam os homens a funções ultratecnológicas, retratando-os tal qual seres renascidos como anjos da velocidade. De acordo com essa interpretação, aprender a dirigir significava alcançar uma divindade terrena. Sob esse arrebatador reino da máquina, os homens chegariam a camadas intactas da experiência, e é aí que se encontra sua principal ligação com o movimento estético do modernismo: a emoção da velocidade era uma nova experiência de beleza. Uma das pinturas mais representativas do período – um autorretrato de 1925 produzido por Tamara de Lempicka – traz uma mulher atraente dentro de um carro esportivo verde-mar, precursor do Thunderbird de Thelma. Essa mulher ostenta maçãs do rosto tão suavemente sulcadas quanto o capô da máquina reluzente e poderosa que domina com tanta sutileza. Uma ascensão por si só, o carro funciona como extensão da vontade fria e desprendida de sua motorista. Ela é sexy, calculista e está no controle. O carro e o homem se misturam num gesto de impassível supremacia.

E assim o carro modificou, para o bem e para o mal, alguns conceitos que atribuíamos ao ser humano, sendo tanto uma unidade de produção desumanizada quanto um agente super-humano de autossuperação. Uma bifurcação semelhante se deu

Passando no exame de direção | 95

também com relação ao destino do próprio automóvel. Enquanto, para o mercado, ele se transformou em outro recurso utilizado para economizar tempo, sendo apenas pouco mais glamouroso do que uma máquina de lavar roupa, o carro também se estabeleceu como um *objet* estético por si só, admirado não apenas pelos peritos modernistas, mas também por consumidores ambiciosos, para os quais passar no exame de direção culminava na exibição do próprio carro como se ele fosse uma obra de arte. Até mesmo o motor – principalmente o de um Mercedes-Benz ou de um Rolls-Royce – poderia ser considerado um objeto de valor estético. O carro poderia ser funcional e belo ao mesmo tempo, como uma gadanha bem-feita – e a ironia é que os carros se vangloriavam por ter superado um estilo de vida tão agrário. A própria distinção entre forma e função foi assim ultrapassada, estando ambas soldadas numa única linha aerodinâmica. Veja o website do Aston Martin DB9, por exemplo: você verá que essa mesma lógica se aplica hoje. É a mistura de desempenho e prazer o que importa, uma experiência integrada a que é difícil de resistir. Deixando de lado tanto o fato de esse ter sido o carro de James Bond quanto o sexismo que isso implica – a exemplo do que se dá com os navios, em inglês os carros são tratados no feminino –, temos aqui uma máquina cujas linhas aparecem e somem, sendo, ao mesmo tempo, proeminentes e sutis, existindo numa espécie de ponto de fuga que coincide com sua velocidade potencial.

Na verdade, além do modernismo, o ato de dirigir também tem muito em comum com o romantismo, o que nos ajuda a explicar a força poética que o ato de passar no exame carrega. A palavra "romântico" denota hoje o sentimentalismo que existe entre os amantes, mas antes carregava a ideia de uma busca e se referia ao início de uma viagem. Na literatura medieval, "romance" indicava menos uma história de amor do que uma aventura cujo objetivo era, de modo um tanto sério, encontrar o Santo Graal. Isso não significa que ela não contivesse os temas "românticos" que mais tarde dominariam o gênero, cujo emblema mais célebre é o eminente sir Lancelot, cavaleiro que saiu da corte do rei Artur sobre seu confiável corcel e, depois, conquistou o coração da lady Guinevere. Note novamente como o cavalo é o protótipo do carro e como o cavaleiro é um cortês cavalheiro; no entanto, perceba também o fato de que tanto a glória quanto a donzela não podem ser encontradas em casa. Para alcançar o sucesso, você precisa se aventurar por aí, e isso envolve o transporte. Quando o cavaleiro romântico galopa pela ponte levadiça e sai para buscar o heroísmo e conquistar a dama, ele está antecipando o jovem de hoje, que passa no exame de direção a fim de se notabilizar no mundo e conquistar sua garota.

Não que o aspecto "romântico" da direção sempre envolva a exigência de uma amada. Em sua forma masculina, a liberdade pode ser o suficiente. Pegue os pensamentos de Jack Kerouac em *On the Road*, romance que, apesar de toda a sua modernidade, pertence diretamente a essa tradição de busca:

> O que é essa sensação de estar dirigindo para longe e ver as pessoas se afastando na planície até suas partículas se dispersarem? – é o mundo demasiadamente grande nos envolvendo, é o adeus. Mas nos inclinamos para a próxima aventura louca sob os céus.

Os céus se expandem, e não resta dúvida de que dirigir significa abarcar essa dimensão ampla, que deixa os outros para trás. A "aventura louca", portanto, fomenta uma variedade virulenta de anarquia, um "foda-se" mentalmente potencializado pela capacidade que o motorista tem de acelerar com arrogância e, em vez de encarar o problema, se afastar da situação. Enquanto a prova de direção enfatiza a responsabilidade que é estar ao volante de um automóvel, é a fuga da responsabilidade que torna a direção sedutora. Não demora muito até que você esteja olhando menos para o painel do que para as imaginadas terras áridas por trás das ondas de calor que saem do asfalto. Obviamente, essa capacidade de evitar a captura moral se baseia não na temeridade do próprio motorista, mas no fato, mais simples, de que o carro contém uma potência que permite ao motorista fugir com velocidade – e uma velocidade muito maior do que aquela que ele alcançaria se estivesse em cima de um cavalo ou a pé. Se isso é liberdade moral, é uma liberdade moral movida a combustível.

No entanto, essa fuga da sociedade convencional não tem só lados positivos: ela também estimula a solidão, a ausência de vínculos e de relacionamentos. O carro sempre teve mais a ver com partidas do que com chegadas, onde cada um de nós é uma partícula que desaparece do olhar de todos. Acompanhando a aprovação no teste, esse ato de dirigir rumo ao pôr do sol indica, portanto, uma "liberdade negativa", a ideia de que você só é livre se as outras pessoas não o importunarem. Esse conceito está associado a Isaiah Berlin, filósofo e contador de histórias nascido em Riga, que ajudou um século XX atormentado pelo totalitarismo a pensar novamente a liberdade. Contudo, como sugere a expressão, a liberdade negativa é apenas o primeiro passo. Ela se estabelece quando os limites são removidos, e, para além da necessidade de obedecer às regras básicas do trânsito, é exatamente isso o que acontece quando você passa no exame de direção. Ao colocar ao seu alcance não algo específico, e sim esse mundo demasiadamente grande, dirigir elimina os problemas sem criar soluções. Você multiplica suas opções ao passar no exame, o que de fato pode ser oneroso. Duplamente "negativa", essa liberdade possui poucos aspectos positivos.

A liberdade positiva, por outro lado, traz alguma responsabilidade, uma vez que coloca sobre seus ombros o fardo de fazer o melhor possível de sua vida. Ela requer que você identifique e aproveite as oportunidades de uma forma nada romântica. Dirigir é um exemplo interessante, dado que fornece um instrumento capaz de realizar exatamente isso. Passar na prova de direção significa ter acesso a um novo mundo de realização pessoal. Ainda assim, o efeito dessa liberdade positiva é... o trânsito. Se todos estão se aventurando, essa aventura na novidade logo o deixa preso no engarrafamento. Isso soa redutor, mas, se o tráfego é a consequência do excesso de automóveis com interesses concorrentes, o próprio fato de eles estarem concorrendo significa que os carros procuram o próprio itinerário. Em outras palavras, o tráfego é o resultado da liberdade individual. Se, digamos, os Estados totalitários que tanto atemorizavam Berlin de fato decretassem onde e quando seria legal dirigir, o problema do trânsito logo seria resolvido: o sistema rodoviário funcionaria como o sistema ferroviário, seguindo um calendário centralizado capaz de reduzir as colisões e os congestionamentos. Os carros, ao contrário, são animados pelo desejo individual de seus condutores e, nesse sentido, o tráfego com o qual eles contribuem representa sua liberdade positiva. Em princípio, os motoristas se movem livremente, ainda que esse progresso possa vacilar. Assim, da próxima vez em que estiver preso no engarrafamento, você pode se consolar com o fato de essa impossibilidade de andar ter sido causada pelo que está no polo oposto: a permissão para fazê-lo.

Basta de liberdades negativas e positivas. Há também aquele tipo igualmente equivocado de liberdade – o qual nada tem a ver com Isaiah Berlin – que experimentamos quando estamos de fato aprendendo a dirigir e que assume a forma do carro de dois controles. Você age como se as operações dependessem de você, mas, caso tudo dê errado, o pé do instrutor paira sobre o segundo freio a fim de salvá-los. Esse magistral respaldo funciona não como o Estado totalitário, mas como o Estado liberal: ele constrói a ilusão de que você está escolhendo a direção em que vai viajar, ao mesmo tempo em que reserva para si o poder de mandá-lo parar a qualquer momento – chame isso de "falsa liberdade", se quiser. Essa liberdade continua depois do término das aulas de direção, uma vez que você só passa após internalizar as orientações de seu instrutor. Em outras palavras, você enfim aprende a se controlar e, assim, a cumprir as regras sem a presença corretiva do professor. Em termos políticos, você se torna um bom cidadão, exigindo pouca vigilância exatamente porque as regras do bom comportamento foram assimiladas. Essa é a "liberdade" que funciona replicando suas regras entre os motoristas.

Além disso, a ideia de "falsa liberdade" ganha correspondentes na mera diferença mecânica entre a transmissão automática e manual e em suas consequências. Com os avanços tecnológicos na fabricação dos carros, hoje o ato de dirigir possui muito menos direção. "Assistente de estacionamento", "sensor de mudança de faixa", "controle de velocidade" e até mesmo o reconhecimento térmico de pedestres que estariam à mercê de seu veículo: todas essas inovações manifestam, à maneira tecnológica, um instrutor de direção invisível, pronto para compensar seus erros humanos. Dirigir um carro cada vez mais se assemelha ao piloto automático do avião e, desse modo, "aprender a dirigir" começa a parecer algo bastante fácil.

Então você continua a viajar, paparicado em sua cabine tecnológica, almofadado em seu casulo de segurança. Quer dizer, até a hora em que você bate. Dessa forma, o segundo freio do instrutor não está lá apenas para ensiná-lo; é uma questão de vida ou morte. Afinal, para sermos *românticos*, essa jornada pelo mundo precisa envolver riscos, sejam eles os dragões dos mitos medievais ou a velocidade alcançada pelas máquinas modernistas. De todas elas, a definitiva deve ser o *Bluebird* de Donald Campbell, o supercarro de 1967 que alcançava 600 km/h e que também ficou famoso tanto por sua beleza quanto por sua façanha aerodinâmica – sendo ao mesmo tempo, porém, a causa da inevitável morte de Campbell. Por trás desses excessos suicidas, está a ideia do "viva rápido, morra jovem", assim como a do acidente automobilístico como símbolo perversamente glamouroso da juventude rebelde. Pense em James Dean, americano quase contemporâneo a Campbell, que morreu ao perder o controle de seu Porsche 550 Spyder, ou no exemplo mais filosófico de Albert Camus, que morreu num acidente de carro e para quem os desolados limites da aceleração viriam a ter um significado especial. Se existisse uma única filosofia capaz de ser associada à direção, seria a dele. Tal qual aquelas paisagens evacuadas e empoeiradas do *western spaghetti*, Camus via o mundo como um deserto em que o "homem" (sim, esse é um gênero altamente sexista) pode optar por ser oprimido por sua monotonia ou, então, por deixar sua marca. O carro, portanto, se torna um instrumento literal e metafórico de autocondução, e passar na prova equivale a ter acesso a essa capacidade interior.

O perigo, nesse quesito, não está no ambiente externo à cabine, mas na falta de coragem interna. A única coisa a ser temida é você mesmo; superado isso, a volição e a ação podem enfim coincidir. Os preceitos autoritários a que você tinha de obedecer arbitrariamente são empurrados como escoras para debaixo do volante, e agora é possível girar a chave com o objetivo de dirigir rumo à própria particularidade, de penetrar as crostas externas da falta de liberdade que até então o revestia, de descobrir e libertar aquele gênio que, durante anos, estivera dançando silenciosamente em seu interior.

Em virtude dessa enormidade de associações, fazer a prova de direção nunca se resume a apenas obter permissão para dirigir. Ela está sempre relacionada a níveis superiores de autorrealização, os quais estão muito além das necessidades vitais. O mesmo se aplica aos próprios carros, que há muito deixaram para trás seu principal objetivo: conduzir passageiros de um ponto a outro. Os carros ficam cada vez mais rápidos à medida que a velocidade média das estradas diminui, tornando-se não apenas metáfora para o quarto só para si, mas também o próprio quarto. Um "carro" é, hoje, uma espécie de saguão móvel, no qual você pode ouvir música sob o conforto do ar-condicionado enquanto seus passageiros assistem à televisão, ajustar o suporte lombar de seu assento enquanto reduz o calor que ele emite e ativar a iluminação interior enquanto seu navegador via satélite o conduz até o estacionamento mais próximo. Dirigir pode até fazer parte de tudo isso, mas dificilmente é mais do que um pano de fundo. Isso significa que o objetivo final das aulas de direção é torná-lo capaz de esquecê-la, permitindo-lhe, assim, viajar com conforto até o seu destino.

9
Votando pela primeira vez

NA MINHA VIZINHANÇA, em lados opostos da rua, existem dois cafés. Um deles possui cadeiras de plástico e serve refeições matinais gordurosas para os trabalhadores, enquanto o outro, ostentando sofás de couro, é de fato um *caffè*. O objetivo desse "f" extra é convencê-lo de que aquele é um verdadeiro café italiano, embora seus funcionários sejam poloneses. Nesse estabelecimento, você não fica restrito, como no lado menos luminoso da rua, a chás e cafés. Não, ali você tem cappuccino, expresso, expresso duplo, café "seco" (com pouquíssimo leite), bebidas aromáticas, leite quente espumado para bebês e vendido como "babyccino", sem falar na infinita variedade de chás e tisanas. Em suma, você possui opções. Deixe de lado a pesquisa que diz que a maioria das pessoas pede a mesma bebida todo dia e que mais de três opções deixa confuso, e até mesmo irritado, aquele que tem de escolher: a escolha deve ser uma coisa intrinsecamente boa. Ela pertence a um projeto democrático e amplo que visa dar opção às pessoas. Aquele "f" a mais deve ser o símbolo da liberdade.

Mas a democracia, tal como o conceito de escolha em que ela se fundamenta, seria mesmo essa maravilha toda que afirmam ser? George Orwell disse: "No caso de uma palavra como democracia, não apenas inexiste uma definição com a qual todos concordem, como também a tentativa de criar uma sofre resistência de todos os lados." São várias as razões para isso. A liberdade de voto tende ao mediano, e a média de todos os eleitores geralmente é bastante comum. Ao contrário dos países governados por guardas nacionais que normalmente geram uma oposição autenticamente hostil, a democracia tende a reduzir a diferença entre os partidos políticos. O que começa como uma escolha produz a ausência dessa mesma escolha, pois a maioria das pessoas prefere algo mais ou menos. Isso pode ser especialmente desmotivante quando você vota pela primeira vez: todas aquelas ideias incipientes acerca da sociedade devem ser agora canalizadas na seleção de um ou dois nomes de um partido com cuja agenda você só concorda até certo ponto. Depois, temos aquela sensação de que um único voto não fará muita diferença. Claro, a razão diz que todo voto conta, e o resultado de uma eleição nada mais é do que a soma de cada desejo individual. Ainda assim, quando você está no local de votação, seu voto parece extremamente frágil. Até mesmo o voto subsequente pode anular imediatamente o seu. Nós vemos a democracia como o triunfo do pensamento ocidental, mas os problemas não terminam por aí. A democracia, por exemplo, é um meio ou uma finalidade? Em especial nas ocasiões em que o Ocidente se envolve com países não ocidentais, é como se a democracia fosse a resposta para tudo, como se nada acontecesse até que um governo fosse eleito através do voto. Ademais, seria a democracia a melhor forma de governar um país, ou seria ela apenas "menos pior"? Nós não gostamos de regimes autoritários, claro, mas a democracia pode conduzir a políticas insípidas e a decisões consensuais que estão longe de ser decisões. Por fim, será que todo mundo deveria ter direito a voto, ou será que deveriam existir critérios de avaliação relacionados à inteligência ou à experiência, por exemplo?

Acima de todas essas velhas discussões sobre as eleições e a democracia, há também uma série de questões mais filosóficas. Veja a cabine de votação. Enquanto ela se reveste de sigilo e busca proteger a identidade do eleitor, a democracia nasce exatamente no polo oposto – isto é, na recusa em deixar as questões nos corredores sombrios do poder e na insistência de transportá-las para a arena pública. Presumivelmente, a transição da monarquia ao feudalismo representa exatamente essa progressão das trevas à luz, das sombrias decisões anunciadas pelos poucos às luminosas escolhas feitas pelos muitos. O poder, ou ao menos a expressão de quem se encontra no poder, se espalha pela população como um todo. Ainda assim, para proteger a identidade daqueles que votam, essas luminosas escolhas precisam ser depositadas na escuridão da urna. Até mesmo quando o receptáculo é transparente, as cédulas de votação são dobradas para esconder quem votou em quem, preservando desse modo o anonimato; se assim não fosse, esses eleitores, como testemunhas de um julgamento da máfia, poderiam se sentir alvos de uma possível represália. Uma votação livre e justa, incluindo todos, e imaculada por qualquer anonimato, estabelece e protege em seu próprio seio um mistério que, simbolizado pela urna, esconde de todos quem votou em quem. A transparência da qual depende a democracia depende, por sua vez, de segredos; é o conhecimento não revelado que permite a prática democrática irrestrita.

Além disso, temos a questão da confiança, a qual, segundo dizem, é consolidada por essa mesma transparência tão exaltada pelas democracias. Se comparadas com as eleições manipuladas, é possível acreditar nessas votações livres e justas, e sem dúvida elas são preferíveis às demais alternativas. A confiança é uma consequência da transparência, e, enquanto você puder notar a honestidade do processo eleitoral, não questionará seu resultado. No entanto, talvez você tenha razões para pensar melhor. Afinal, se a confiança precisa se basear na transparência, ela não chega a ser realmente confiança, e sim uma espécie de "ver para crer". O que poderia ser mais fácil do que confiar naquilo que é transparente? O negócio está diante do seu nariz – e essa seria uma das razões para a fabricação de urnas em plástico diáfano –, tão claro, que não exige confiança alguma. A verdadeira confiança, por sua vez, começa quando a transparência termina, no exato momento em que nem tudo é visível e você precisa acreditar no que está oculto. A ironia, para colocarmos as coisas em outras palavras, está no fato de a monarquia e o feudalismo demandarem níveis maiores de confiança, ainda que isso possibilite uma quantidade maior de abusos. Em contrapartida, a democracia reduz a necessidade de confiança, colocando os cidadãos em posição de monitorar os que estão no poder, em vez de apenas deixá-los levar o trabalho adiante.

Por fim, a democracia é algo potencialmente antidemocrático. Dentro de certos limites – os eleitores não podem ser menores de idade, insalubres ou detentos –, ela deseja ser inteiramente inclusiva. Porém, como isso estipula que todos devem ter voz, tal inclusão precisa necessariamente incluir visões que não são apenas progressistas ou conservadoras, mas também antipáticas à democracia mesma. Ao passo que, para nós, qualquer pessoa em sã consciência elegeria um sistema ocidental, a verdadeira democracia envolve o possível sucesso do comunismo, do fascismo e do totalitarismo – isto é, ideologias que não hesitariam em desmantelar o aparato democrático que as colocaram no poder. Ao aceitar as diferenças, a democracia deve colocar a si própria em risco. Embora traga a confiança de volta à equação, isso é algo bizarro. Mais bizarro ainda é o fato de que, ao ser implicitamente convidado a dizer "Sou diferente", cada eleitor tem a possibilidade de se excluir dessa inclusão mais ampla; o que a democracia abrange é uma série de indivíduos capazes de recorrer à isenção. Grande ato de participação social, o voto depende da individualidade, com todo o distanciamento que ela implica.

Talvez por sorte, essas contradições dificilmente vêm à tona quando do primeiro voto. Embora você possa ter analisado os prós e os contras de cada candidato e, assim, percebido as claras limitações da democracia – o fato de que nenhum desses candidatos satisfaz às nossas aspirações, por exemplo –, é o sentimento suscitado por essa nova viagem até o local de votação o que será mais saliente. Não muito diferente do registro de nascimento, óbito ou casamento, a experiência do primeiro voto é indubitavelmente mais profunda do que a maior parte dos outros deveres civis, sendo um rito de passagem que o coloca de maneira irrevogável no novo território da vida adulta. Enquanto beber, transar e dirigir (não ao mesmo tempo) são atos capazes de lhe conferir maturidade, nada se compara ao voto no que diz respeito à sensação de que o mundo realmente passou a levá-lo a sério. Nesse aspecto, a única diferença está no fato de que todas as outras transições são basicamente transições hedonistas: em teoria, é possível beber e transar com responsabilidade, mas, na prática, essas atividades não fogem do domínio do prazer pessoal. Além disso, elas são subjetivas, enquanto o voto o transplanta para o mundo objetivo, transformando-o em parte do *demos* ou do conjunto de cidadãos; desse modo, você é também responsável pelos outros. Apesar da estranha lógica da isenção que se emaranha nas raízes do ideal democrático, caminhar até a cabine de votação é algo que traz consigo a sensação de que se é parte de algo maior. Sim, você vota privadamente e de acordo com a própria consciência, mas isso é sempre um acréscimo à totalidade dos votos, apesar daquela insidiosa sensação de que sua escolha não fará diferença alguma; você é menor do que o todo a que necessariamente pertence, portanto, existe o reconhecimento implícito daquele mesmo *demos*. Além disso, você espera eleger pessoas que o governem, sugerindo que, entre você, a administração seguinte e o Estado, um vínculo é aceito.

Isso não quer dizer que o voto não possa ser realizado com egoísmo, mas até mesmo a pessoa mais autocentrada compreende que ela divide a eleição com todos os outros cidadãos. Ademais, por serem mais jovens e mais idealistas, assim como por terem menos a perder do que o restante das pessoas que vão às urnas, aqueles que votam pela primeira vez tendem a votar com uma consciência social maior e com uma percepção mais calorosa do bem comum. Por essa razão, talvez apenas eles é que devessem ter direito ao voto: como sabemos, a idade muitas vezes vem acompanhada da autoproteção, do cinismo e da intolerância. Imagine só um mundo fundamentado apenas no desejo daqueles que votam pela primeira vez: seria um mundo sincero, pobre e parcamente organizado como eles mesmos são, mas também seria militantemente honesto, apaixonadamente criativo e quase certamente belo.

Por mais patética que possa ser, a possibilidade de termos o destino da nação determinado por jovens de 18 anos levanta uma questão bastante séria. O contraste entre o idealismo de quem vota pela primeira vez e o realismo dos mais velhos corresponde àquele entre o voto por ideologias abrangentes e o voto por políticas estritas – o qual, por sua vez, evoca uma distinção que remete a são Paulo: a distinção entre o espírito e a letra da lei. A isso voltaremos mais adiante. Enquanto os políticos preferem tratar das políticas mais recentes – o ajuste da alíquota de impostos, o início da construção de estradas, a reforma do sistema educacional –, são as políticas ou o conjunto de políticas o que menos importa para quem está votando pela primeira vez. Se o eleitor experiente pode se preocupar com o novo tributo sobre as propriedades, o novato muito provavelmente procurará aquilo que se encontra por trás desta ou daquela proposta – o seu *ethos* –, assim como a integridade daqueles que estão elaborando o projeto.

De maneira ainda mais crítica, quem vota pela primeira vez está buscando, naquele conjunto de características, algo que o ajudará a definir as próprias qualidades, e isso torna o voto menos uma questão de ideologia do que uma questão de identidade. O primeiro voto pode ser um acréscimo corajoso à pilha de votos comum, mas é também uma manifestação privada que atesta para você mesmo quem você é. Assim como, no início da adolescência, você pode ter se definido musicalmente como emo, gótico ou skatista, na hora de votar pela primeira vez, você define politicamente a personalidade que deseja ter. Isso não é irreversível porque sempre é possível mudar sua posição política, mas ao menos demarca algo que nunca antes fora demarcado, e, se um dia você vier a alterar suas perspectivas políticas, fazê-lo exalará um levíssimo aroma de traição – traição da pessoa que, no passado, segundo evidencia o recibo de sua votação, você certamente foi. Nesse sentido, o primeiro voto é um marco diferente, digamos, do de passar no exame de direção ou de nascer, acontecimentos que só acontecerão uma vez. Os votos que você depositará durante a vida, sejam eles os mesmos ou não, contêm a narrativa implícita de quem você está ou não está se tornando.

Para alguns isso é lamentável, mas a ideia de um *ethos* subjacente a políticas específicas foi definitivamente suplantado pela ideia da "marca". Esquerdista ou conservador, o partido que busca o seu voto deve agora se vender de modo que suas convicções mais profundas venham à tona polidas e lustradas. O *ethos* se torna logotipo. Para o teórico político americano Frederic Jameson, essas práticas se adaptam a um projeto mais amplo de pós-modernização. Porém, trata-se menos de elucidar o que estava escondido do que de retrabalhar por completo a relação entre as profundezas e a superfície, e assim ficamos com slogans publicitários que fazem alusões confiantes às nossas crenças mais íntimas, sem sequer colocá-las na mesa. Basta que citem o slogan da campanha para que surja uma chuva de ovações – os detalhes são irrelevantes. E isso acontece porque, no fundo, aquilo que muda a sociedade é algo um tanto superficial – isto é, a simples energia que o slogan pode liberar, não importa o quão insípida ela seja. Tudo o que preciso dizer como político é que "a sociedade está falida" ou que "é hora de mudar", pois esses mantras concentram força suficiente para suscitar atitudes no mundo real. O que afirmo não é que os políticos que querem seu voto sejam só aparências – isto é, que sejam só retórica, sem conteúdo; o problema é que retórica e conteúdo, *ethos* e marca coincidem nessa nova fusão pós-moderna em que toda a profundidade se espalha por uma superfície sob a qual não há nada. E, embora os "jovens adultos" que votam pela primeira vez representem essa geração nascida em meio aos embustes pós-modernos, são eles quem menos tendem a engoli-los. Por que o marketing político destinado aos que votam pela primeira vez sempre dá errado? Porque a) esses jovens adultos desconfiam naturalmente da exposição das marcas, em especial na política (eles foram criados vendo isso em cenários comerciais como lojas e televisão, portanto não são novidade essas técnicas tão batidas); e b) ainda que astuciosamente disfarçadas pelos publicitários, as tentativas, por parte dos velhos políticos, de agradar os jovens eleitores são em geral constrangedoras.

Isso sugere que, apesar de toda a pós-modernização, a marca continua sendo muito diferente do *ethos*, e o jovem pode ser surpreendentemente tradicional ao favorecer o segundo em detrimento da primeira. Afinal, *ethos* é tom, sentimento, espírito e assim por diante – todas aquelas coisas que são mais do que a soma das políticas promovidas. Afinal, as políticas se tornarão leis, e é o espírito das leis que contará mais do que sua encarnação textual. Como expressão, o "espírito das leis" se refere a Montesquieu, o aristocrático pensador francês do século XVIII – embora, como já afirmei, são Paulo seja uma fonte ainda anterior. Ao distinguir o espírito (*pneuma*) da letra (*gramme*) da lei – a diferença entre o significado almejado e a maneira como esse significado é burocraticamente transcrito –, Paulo esperava fazer com que o leitor ampliasse a interpretação das leis primitivas da igreja cristã que seu legado ofuscaria. Do mesmo modo, votar deveria se tratar da escolha do *ethos* e do espírito correto, estando acima de qualquer política ou legislação proposta pelo manifesto de um partido. A democracia é algo espiritual, o que sugere que, apesar de todos os manifestos, nós ainda votamos – e talvez devêssemos mesmo fazê-lo – com o coração, e não com a cabeça.

E assim temos muito a agradecer a Montesquieu. Primeiro na Europa e depois nos Estados Unidos, seu famoso tratado *O espírito das leis* se tornaria referência nos primórdios da democracia. Se não a *pós*-modernização, a democracia representa a modernização, mais elementar, daqueles sistemas feudais e monárquicos que mantinham o populacho escravizado. Embora Montesquieu não se opusesse à monarquia por si só, ele tinha ardorosa aversão pelo despotismo em que a monarquia, caso incontrolada, poderia culminar. Em certo sentido, sua obra pode ser lida como o medo do medo capaz de ser suscitado pelo despotismo. Por extensão, o "espírito da lei" era o espírito que resistia a esse domínio do terror. A chave para manter esse espírito vivo era, portanto, a oposição de um conjunto de freios e contrapesos ao poder. Até mesmo os reis e as rainhas, que por um lado representam o antigo regime do monarquismo, podem fazer parte, quando incluídos nessa estrutura de controle, do processo democrático.

Escorando esse processo estava a função administrativa que, mesmo que apenas em virtude da laicidade que a desempenhava, já era a corporificação do povo. Não havia eleições para ela, mas sua base mesma era incipientemente democrática, possibilitando a administração do Estado por aqueles que Montesquieu chamou de "comuns". Sem ser exatamente a voz ativa do povo, os comuns eram ao menos o reconhecimento de que o soberano não é o centro do mundo e de que a tomada de decisões pode envolver elementos mais populares. Esse não é um sistema de sufrágio universal, mas, sem Montesquieu, é difícil saber quantas eleições seriam realizadas nos dias de hoje.

A democracia que conhecemos atualmente demoraria ainda cerca de um século para se consolidar, e o resto, como dizem por aí, é história. Será mesmo? Ao falarmos assim – ao narrarmos essas histórias grandiosas sobre a passagem da escravidão à democracia –, talvez devêssemos ser cautelosos. Essa própria narrativa se origina no Iluminismo, movimento que supostamente lançou as bases da modernidade e do qual o próprio Montesquieu foi um expoente. Como o nome sugere, o Iluminismo via a história como a dispersão gradual das trevas, sendo uma espécie de eco daquele Deus que resgata o cosmos das sombras: assim como evoluímos das sociedades feudais para as sociedades equitativas, nós evoluímos da religião para a ciência, da barbárie à civilização etc. Nesse sentido, o voto se torna um símbolo altamente poderoso do desenvolvimento humano e, ao votar, você está cantando enormes louvores a esse progresso.

A versão atualizada dessa narrativa deve incluir a derrota do comunismo para a democracia, por volta de 1989, tornando o voto um gesto de desprezo implícito pelas potências soviéticas outrora formidáveis. Por um período em que tudo era lindo, isso pareceu representar um final feliz aparentemente definitivo para a política mundial – o fim das guerras, das ideologias, apenas o velejar do capitalismo democrático. No entanto, esse momento logo sucumbiu quando, uma geração depois, a democracia foi atacada pelas forças reincidentes do fundamentalismo religioso. Essas forças, ao menos em suas manifestações militantemente islâmicas, se orgulhavam de sua declarada oposição à democracia. Longe de atestar a dignidade clássica, a democracia, segundo seus novos oponentes, fazia o inverso: ela conduzia ao egoísmo, ao consumismo, à imoderação, à falta de disciplina e a uma ausência geral de humildade.

Por minarem tão friamente a ideia de que a democracia e a paz prevaleceriam para sempre, os acontecimentos de 11 de setembro, além das várias mortes causadas, causaram também grande trauma, culminando imediatamente naquilo que se opõe à paz, isto é, na "guerra" contra o terror – leia-se: "o imperativo de reafirmar os princípios democráticos." Dessa forma, o discurso ocidental sobre a liberdade interpretou o 11 de setembro não como uma retificação de suas crenças, mas como uma aberração, um abalo no curso da vitória cada vez mais inevitável da democracia pelo mundo. Segundo essa perspectiva, "votar pela primeira vez" assumia um novo significado: no Ocidente, o voto não era apenas um rito de passagem individual, mas uma reformulação do orgulho nacionalista; e, naqueles países que, como a África do Sul, ainda tentam consolidar sistemas democráticos, o primeiro voto representa um rito de passagem para a própria nação.

Tal como a condensei, essa narrativa, ao menos até o 11 de setembro, estivera associada a Francis Fukuyama, seguidor nipo-americano de Reagan, que nos fornece motivos para cautela em virtude de sua própria ligação com o movimento neoconservador do final do século XX: essa não é uma narrativa neutra; ela é motivada politicamente. Pelo menos, foi mais ou menos essa a resposta da esquerda. Isto é, os Estados Unidos agiam interesseiramente ao propagar as democracias pelo mundo – e não apenas por amor-próprio, mas também para criar parceiros comerciais capazes de alavancar seu poderio econômico. A questão é que o mercado precisa da democracia para ser propriamente livre. Não se deixe enganar, portanto, achando que a "democracia" tem a ver com a expressão individual, pois o que importa não é sua opinião política, mas sua habilitação para atuar como agente econômico e, assim, aumentar a riqueza da nação. Enquanto você utiliza uma das mãos para depositar o voto, a outra continua invisivelmente atada.

Logo depois de Fukuyama ter publicado que o trem da história faz ponto final na democracia à qual mais ou menos chegamos, ele mesmo foi colocado para fora do vagão. Não apenas os filósofos, mas também os historiadores e sociólogos, sabem muito bem que a história nada mais é do que a história das mudanças. Dessa forma, anunciar aquilo que Fukuyama chamou de "o fim da história" nada mais era do que um contrassenso: o trem apenas alcançara uma das estações de uma viagem muito mais longa e sinuosa – e isso de tal forma, que, em especial na França, alguns chegaram a reafirmar que a história não teria e não poderia ter fim, exceto se por vontade de Deus; que ela é modelada pelo acaso, sendo inerentemente imprevisível; e que a probabilidade de o reino da democracia jamais ser perturbado era mínimo. De acordo com essa perspectiva alternativa, o "voto" representa não um direito humano transcendental, mas o emblema temporário de um momento específico da história.

É difícil imaginar, mas um dia nós talvez olhemos para a democracia e enxerguemos menos o auge da razão aplicada à sociedade do que apenas mais um estágio de uma narrativa abrangente. Nesse ínterim, ela conserva seu valor fundamental como voz do povo, e assim o primeiro voto, por ser um rito de passagem, ainda confere ao eleitor um novo sentimento de legitimidade. Sem dúvida, é completamente arbitrário que você seja uma criança no dia anterior ao seu aniversário de 18 anos e que, no dia seguinte, passe a ser um adulto com direito a voto; no entanto, essa arbitrariedade não torna o processo menos significativo. Junto com suas primeiras experiências sexuais, com o fim da escola e com o sucesso no exame de direção, o primeiro voto o impele em direção à vida adulta. Independentemente da forma como encara isso, você agora é gente grande, podendo então falar por você mesmo.

10

Arrumando um emprego

AS MINAS DE CARVÃO – aquelas que ainda existem – possuem veios em profundidades diferentes, entre os quais se encontram os de grande profundidade, os de média profundidade e os de superfície. Existe alguma coisa de poético nisso, mas a realidade não poderia ser mais dura. Desse modo, o homem com a cara suja de carvão passou a ser o símbolo de tudo o que, no mundo do trabalho, parece brutalmente real. Se comparado com o trabalho numa mina, existe algo que represente melhor a conquista de um emprego de verdade? Numa era que antecedeu aquela em que muitos trabalhavam nas indústrias, a mineração talvez fosse a própria essência do trabalho. Imagine que você é um banqueiro, um corretor de imóveis ou o vendedor de uma loja de departamentos; então, um minerador recém-saído da mina chega e você o saúda, dizendo que está se sentindo "muito estressado". Isso não seria nada convincente.

Essa é uma cena simplista, claro, mas diz a lenda que houve uma época em que "conseguir um emprego" significava exatamente o tipo de coisa que associamos hoje aos mineradores. Por um breve período, quando ser criança significava apenas esperar a vida adulta, você vivenciava a infância; de repente, então, aos 12 ou 14 anos, seu pai o levava para as profundezas da terra, a fim de extrair aquele objeto negro. A não ser, claro, que você fosse uma moça, situação em que seria melhor parecer útil dentro de casa, esperando apenas pelo baile da aldeia em que um rapaz jovem e educado, também com um emprego lá no poço, pediria a sua mão. Desse modo, tudo se repetiria novamente. Fosse você homem ou mulher, o emprego do menino era um divisor de águas que a sociedade regularia e propagaria.

O gênero é apenas uma das dimensões da conquista de um emprego e da transformação do empregado em uma pessoa economicamente ativa, mas essa dimensão é essencial; como afirmou, veementemente, um grande sucesso da música disco dos anos 1990, "no romance without finance". De acordo com o estereótipo, a mulher precisa de um cara empregado, o que significa que, para conseguir alguém, o homem deve ter um emprego. Você poderia pensar que, um século depois da emancipação feminina, as coisas estão um pouco diferentes, e, em geral, elas estão mesmo; no entanto, essas leis não se dissolvem com tanta velocidade. Para o rapaz, conseguir o primeiro emprego ainda pode suscitar um orgulho masculino, como se ele concebesse a si próprio como um possível provedor. Por mais carreirista que seja a mulher, a possibilidade de engravidar e de ter filhos cria uma relação notavelmente diferente com o emprego, podendo ocorrer que, em algum momento, seja necessária a presença de um homem capaz de ganhar o pão de cada dia.

A maior mudança social talvez tenha sido aquela que livrou o filho de seguir os passos do pai. Se existe um *páthos* na mineração de carvão, ele está parcialmente relacionado à tradição masculina que diz que pai e filho devem trabalhar lado a lado na extração daquele ouro negro. "Arrumar um emprego" exigia pouco aconselhamento profissional, uma vez que aquilo que você deveria fazer já estava previamente definido. Embora isso pareça ter se aplicado basicamente às atividades em que os jovens se tornavam aprendizes – de ferreiros, carpinteiros, cervejeiros e até mesmo de artistas de circo –, as profissões possuíam pequenas dinastias próprias: os médicos eram filhos de médicos, os advogados tinham pais advogados etc. Hoje, porém, seguir os passos dos pais parece quase falta de imaginação, ao que se soma ainda a sombra do nepotismo. Arrumar um emprego deve ser fruto de seus méritos, e não algo que lhe é dado de mão beijada. Em meio a tudo isso, eu imagino o mundo descrito por D. H. Lawrence, escritor inglês do início do século XX que cresceu numa zona de mineração próxima a Nottingham e cujos escritos exploram a tensão entre a implacável realidade dessa vida e as tentativas românticas de transcendê-la. O próprio fato de ele ter se tornado escritor é um bom exemplo disso. Ainda que estivesse de acordo com a crescente expectativa que a mãe de Lawrence tinha em relação ao seu filho, a escolha de um tal caminho equivalia, segundo o áspero ponto de vista masculino, não apenas à incapacidade de conseguir um emprego decente, mas à própria afeminação. Além disso, como a escrita não fazia parte do contexto em que Lawrence crescera, e como ela atribuía um majestoso ar literário às suas experiências, aquilo era visto por alguns como esnobismo. E, quando expôs por escrito as práticas sexuais da classe trabalhadora, Lawrence foi encarado também como obsceno. Mesmo quando revelava algo da beleza animal, o fato de, em seus romances, os trabalhadores de Lawrence se despirem e transarem soava como uma traição de sua ética profissional, a qual adotava a modéstia, a simplicidade e o empenho, velhos valores protestantes. Arrumar um emprego equivalia a confirmar a própria virtude, e, assim, ofícios como o do minerador, que produziam um suor palpável, demonstravam a bondade da alma; escrever, por sua vez, poderia ser obra do diabo.

Ainda assim, escrever não pode ser tão repreensível, ainda que apenas por ser uma vocação – a não ser que esteja planejando produzir cópias para um jornal ou para uma firma de relações públicas, você jamais se candidatará a um cargo de escritor. Seu lado virtuoso pode ser inferior, mas o escritor é também um "vocacionado", como a freira ou o padre. Para essas pessoas, "arrumar um emprego" é irrelevante, uma vez que seu emprego já lhes foi apresentado – eles são escultores ou eremitas a serviço de uma compulsão superior, à qual seria inútil resistir. Algo extremamente íntimo se encontra com uma demanda externa e muitas vezes espiritual, e assim o destino assume o controle; embora isso sugira que as vocações serão sempre raras, profissões mundanas como a do professor, do enfermeiro e do obstetra estão cheias de gente que se orienta em função de uma vocação própria e superior. Em todas as carreiras, o fator comum às vocações é o abandono do eu em prol de uma força que relega a "obtenção de um emprego" a uma divisão inferior do trabalho.

Na prática, isso faz de cada vocação o trabalho de uma vida inteira, e até mesmo os atores que passam seus dias limpando mesas ou se estressando em vendas por telefone sentirão que seu verdadeiro ofício permanece inviolado. Esses dirão que, outrora positivo, o valor atribuído ao "trabalho de uma vida inteira" mudou, e, ali onde se destacava um caráter fortalecido – com sua lealdade, tenacidade, profissionalismo e respeito –, agora se esconde a falta de criatividade e de ambição. Essa é uma reviravolta cruel, mas talvez ainda haja exceções: aqueles artistas, escritores e padres conservarão seu trabalho durante toda a vida e ainda serão respeitados. Mas o que essa corporação de seres superiores faz com todos os outros? Aqueles que apenas conseguem um emprego são menos bem-vindos em seu mundo refinado?

Au contraire. Ao menos para Hannah Arendt, arrumar um emprego significava lançar-se no redemoinho do trabalho e, assim, descobrir a própria "condição humana" – sendo este o título da publicação de 1958 pela qual ela é mais famosa. Embora seu tema seja atemporal, a data de sua redação não é insignificante. Nascida numa família judia secular, Arendt era demasiadamente sensível às brutalidades a que os homens se submeteram durante a guerra da década anterior. Sua escrita carrega uma dignidade redentora, um tom salvífico no qual parte da redenção está no trabalho.

Menos interessada na distinção entre trabalho e vocação do que na distinção entre trabalho e labor, ela viu nesta última relação uma semelhança com a relação entre o homem e o animal. Um animal apenas labora – buscando comida para sua família –, e sua produtividade visa nada mais do que à sobrevivência. Uma vez alimentado, sua tarefa está cumprida. A capacidade de trabalhar, por sua vez, define a espécie humana como tal. Embora o trabalho possa incluir elementos do labor – também nós temos famílias que precisam de alimento –, esse labor é apenas a plataforma do trabalho propriamente dito, por meio do qual satisfazemos nosso potencial humano. Assim, Arendt fala da progressão do *animal laborans*, o animal que labora, para o *homo faber*, o homem que fabrica coisas. Enquanto o *animal laborans* busca aquilo que possa ser utilizado imediatamente, em geral para a alimentação – o melro puxa a minhoca do solo, o urso captura o salmão na torrente –, o *homo faber* tem a capacidade de fazer coisas cujo valor é maior que seu valor utilitário, coisas que podem ser reservadas para uso posterior e trocadas.

As coisas não param por aí, pois o comércio coloca o *homo faber* em contato com outras pessoas e, assim, estimula um domínio público. O trabalho enfeita o cenário em que a humanidade alcança seu mais alto objetivo, a saber: a construção de relações, o extremo oposto das hostilidades encontradas nos tempos de guerra. Curiosamente, Arendt se vale dos mesmos termos para analisar as obras de arte. Afinal, elas quase nunca são meramente utilizadas, ou ao menos nunca se consomem quando assim o são. E, ainda que sejam comercializadas, "elas, caso entrem no mercado de trocas, só podem ser precificadas de modo arbitrário". O fato de as obras de arte poderem ser comercializadas não significa que elas sejam propriamente comercializáveis, pois, ao contrário dos queijos ou das velas, elas não são artigos de primeira necessidade, ostentando, nas palavras de Arendt, sua própria "inutilidade" – o menor valor prático, mas o maior prestígio. O que artistas como D. H. Lawrence produzem possui um valor que está além do valor.

Resumindo, arrumar um emprego nos torna humanos ao vincular-nos aos bens e serviços que precisaremos, mais ou menos diretamente, vender; dessa maneira, somos vinculados também àqueles que desejam trocar conosco, tudo baseado na capacidade humana de produzir coisas que não serão utilizadas imediatamente e que serão levadas ao mercado. Arendt gostaria que isso fosse mais além e que, consolidando essas ligações mercantis com outras pessoas, nossa natureza política fosse resgatada e nós nos tornássemos cidadãos ativamente engajados, modelando a sociedade futura. Ainda assim, fazer negócios não é um começo ruim. A atenção que ela dá ao comércio nos enche de esperança, e nisso Arendt deve muito a Adam Smith, fundador da economia moderna que ela cita desta maneira: "Ninguém jamais viu um cão trocar ossos, de maneira justa e deliberada, com outro cão." Apenas os homens são capazes de realizar investimentos e negociações tão estratégicas, e mais uma vez é isso o que os coloca acima dos animais. Em vez de devorá-lo na hora, trocar um pedaço de pão que você acabou de assar remete a uma visão do futuro que apenas os homens possuem. Ela os coloca acima da mera existência, com a implicação de que arrumar um emprego se torna aquele passo a mais rumo à sua própria afirmação como membro de uma espécie superior.

Vinda de Adam Smith, porém, essa possivelmente foi uma citação que causou surpresa. Se existe uma coisa pela qual esse escocês do século XVIII é conhecido, essa coisa é a metáfora da "mão invisível" do mercado. Ainda assim, seu excerto insinua que, ao contrário dos cães, os seres humanos se envolvem em trocas deliberadas uns com os outros, de modo que toda manipulação invisível – como a de uma mão oculta – soa como uma sugestão injusta. De todo modo, não há como entrar no mercado de trabalho se não houver demanda, e a definição de uma economia em apuros poderia muito bem ser algo extremamente direto, como "um excesso na oferta de mão de obra". No entanto, fatores macroeconômicos como esse são apenas a soma de milhares de transações menores e práticas. É fácil mistificar a "mão invisível" como se ela fosse um espírito que paira sobre o mercado, tal como Deus paira sobre as águas; contudo, o excesso na oferta de mão de obra ocorre simplesmente porque, em determinada avenida, não há trabalho suficiente para todos, o que, por sua vez, se dá porque os compradores não estão comprando. De acordo com essa explicação, não existe um cenário "macro", mas apenas uma proliferação de pequenos cenários; além disso, se arrumar um emprego parece ser algo desafiador, é menos em virtude de ciclos econômicos fatalistas do que pelo simples fato de o dono da loja de tapetes não precisar de mais tecelões como você. Quando ele acena em despedida, a mão do mercado encontra-se desmoralizantemente visível.

Com o advento da "economia comportamental", porém, uma mão que só recentemente tornou-se invisível foi concebida, a qual explica por que fenômenos nebulosos como "o humor da nação" não apenas respondem, mas também influenciam as circunstâncias econômicas daquelas mesmas avenidas (a própria distinção entre causa e efeito se esvai). Caracterizado menos por uma mão do que por um hormônio, o mercado está sujeito a mudanças de humor alarmantes, de modo que arrumar um emprego depende não apenas do entrevistador, mas também do estado de espírito da nação. Isso soa extremamente desabonador, uma vez que esses são fatores que se encontram fora do campo de influência daquele que procura um trabalho; no entanto, não há motivos para resignar-se. Afinal, nós temos governos, instituições sólidas e credenciadas capazes de agir em favor dos desempregados como um todo. Não seria necessário, então, que eles interviessem? Quando o mercado está em baixa, eles não deveriam, como um psiquiatra que administra antidepressivos, fornecer um paliativo? Os governos não deveriam fazer algo, ainda que apenas por estar ao seu alcance?

Segundo os economistas comportamentais, o problema é o fato de os homens se comportarem mais de acordo com a emoção do que de acordo com a razão, fazendo com que toda intervenção seja um ato puramente especulativo. Quando os governos de fato intervêm, porém – regulando os custos dos empréstimos, por exemplo, ou imprimindo mais dinheiro –, eles criam uma mão no plano macro que possui a vantagem de ser visível, truque diante do qual Adam Smith talvez risse. Quer dizer, isso se a parte do *invisível* não for mais importante do que a parte da *mão*: a "mão invisível" se refere ao fato de que o mercado regula a si próprio – é *como* se houvesse uma mão invisível; ela não existe de fato –, de modo que o Estado não precisa fazê-lo.

Em outras palavras, o mercado é tão impessoal e eficiente ao orquestrar uma economia do trabalho quanto a seleção natural ao criar uma ecologia das espécies. A melhor coisa a se fazer, portanto, é relaxar e deixar acontecer. Se meter poderia até mesmo desvirtuar a ordem das coisas, uma ordem que, tal como a seleção natural produz saúde, inexoravelmente produzirá riqueza. Segundo essa filosofia, aqueles que conseguem empregos são aqueles que devem prosperar e vice-versa; as pessoas que nada obtêm devem "subir em suas bicicletas" e encontrar algo em outro lugar – ou então, o que é ainda melhor, improvisar novos ofícios. A expressão pertence a um dos antigos ministros de Margaret Thatcher, Norman Tebbit, cuja opinião explica por que Adam Smith se tornou esse mascote da economia de livre mercado defendida pela direita. Porém, tal como ocorre em muitas apropriações de figuras históricas – a de Nietzsche pelos nazistas, por exemplo, ou a de Maquiavel pelos misantropos –, essa em especial reduziu Adam Smith a uma caricatura. Esse conservadorismo impiedoso não teria sido aprovado por ele, que sabia muito bem que, apesar do giroscópio interno que os mantinha animados, os mercados ainda poderiam se precipitar. Comprometido com os valores da civilização que caracterizavam seu tempo, Adam Smith tinha um cuidado instintivo com a selvageria e a desilusão que poderiam surgir caso os governos não se intrometessem durante as crises, e assim ele dificilmente aderiria ao coro quase eugênico da direita radical de hoje. Isso não quer dizer que ele defenderia um Estado assistencial; em termos modernos, ele provavelmente seria membro da escola do "ajude, não dê": você ainda precisa arrumar um emprego.

Hoje em dia, há razões mais clínicas para sermos compassivos. Avançando ou fracassando, nós sabemos que o desemprego é um importante indicador de problemas psicológicos como a depressão, e assim, ainda que apenas para evitar gastos futuros com benefícios, os governos passam a ter interesse em manter os índices de emprego elevados. Ao mesmo tempo, como insinuava Arendt, o ato de arrumar um trabalho traz uma recompensa que não é apenas financeira; ele carrega também um senso de utilidade, a sensação de ser valorizado pelos outros. Nesse caso, um "índice pleno de emprego" é um imperativo tão moral quanto político: no plano individual, arrumar um trabalho pode equivaler a tornar-se um cidadão útil. E, embora seja por outras razões que a China, por exemplo, defenda a utilização máxima de sua mão de obra – culminando na invenção de tarefas pouquíssimo vitais, como a condução de pedestres até o outro lado da rua –, esses pastores sem dúvida se beneficiam por não estar presos em casa.

Obviamente, trabalhar faz bem para o estado de espírito. O problema é que, exatamente em virtude daquelas forças smithianas, os empregos nem sempre vêm com tanta facilidade quanto viriam na China e, assim, arrumar um ofício exige certa competição. Daí o processo obrigatório que, após uma assistemática busca em sites e classificados, tem início com o preenchimento de um formulário. Além de sua paciência, esse formulário, dotado de lacunas grandes demais para algumas respostas e pequenas demais para outras, visa testar se, além das miudezas relacionadas aos seus vistos, à sua saúde e aos seus antecedentes criminais, você esconde alguma coisa vergonhosa. O que exatamente você esteve fazendo nos meses que se seguiram ao fim do ensino médio? Quando diz "um ano de férias no Sudeste Asiático", você quer dizer que estava aperfeiçoando seu vietnamita, escrevendo um artigo sobre aquela cultura e decifrando o futuro de suas relações bilaterais? Ou você passou os dias chapado numa praia com alguns turistas de Melbourne?

Ao tentar preencher os espaços em branco de seu histórico empregatício, o que o formulário de fato deseja saber é algo que ele não pode perguntar diretamente: quem você é. Sim, ele pode ajudar a construir um retrato de sua carreira e, portanto, permitir que o empregador adivinhe algumas coisas sobre a sua personalidade; porém, como instrumento capaz de revelar seu eu essencial, aquilo de nada serve. Em seguida, chega a hora da entrevista igualmente inevitável, a qual, apesar de suas perguntas formalistas, se resume a nada mais do que um fenômeno chamado "química". Essa é uma palavra que usamos como se fosse uma metáfora, mas contratar pessoas pode ser literalmente uma questão de feromônios. Os indivíduos oficiosos do departamento de recursos humanos ainda tentarão garantir que o cargo seja concedido de acordo com a "competência", a "excelência" e o "conjunto de habilidades" dos candidatos, mas o que o responsável pela decisão deseja é, sobretudo, sentir algo pelo sujeito pálido e nervoso que se encontra sentado naquela cadeira que é sempre demasiadamente macia ou demasiadamente dura. Por acaso, esse candidato me entedia? Me envolve? Me atemoriza? Essas reações sem dúvida serão subjetivas, mas muito do mundo do trabalho diz respeito a se dar bem com as pessoas. Assim, a "química" constitui, de uma só vez, o teste mais grosseiro e mais sutil possível. A entrevista é um exemplo daquilo que na psicologia animal é conhecido como "cheirada ritual".

Não que essas perguntas formalistas sejam facilmente evitáveis. Uma das coisas mais estranhas numa entrevista é o fato de aquelas questões padrões – como "Por que você quer este emprego?" – serem de fato formuladas. Tanto o entrevistador quanto o entrevistado sabem que essa pergunta será feita com tanta certeza quanto sabem que o Natal vai chegar, mas esse conhecimento prévio é incapaz de produzir qualquer identificação, qualquer ironia, qualquer humor. E por quê? Partilhar da piada seria violar a fronteira que separa o entrevistador do entrevistado e faz da entrevista uma entrevista. Assim, a previsibilidade das perguntas previsíveis pouco ajuda a diminuir sua intensidade. Você pode ter ensaiado sua resposta milhares de vezes, mas ainda assim pode ser ludibriado. Ou então – o que é igualmente pior –, você pode destilar sua resposta automaticamente, deixando seus interrogadores em busca do ser humano que se encontra por trás do robô que você de repente se tornou. E, ainda que seu tom possa estar certo, há também o conteúdo do que é dito. Para muitos, as coisas serão diretas. Eu quero este cargo porque, durante toda a vida adulta, eu me preparei para ser arquiteto. Para outros, porém, ser inteiramente honesto pode ser inadequado. Por que eu quero este cargo? Porque preciso pagar um monte de dívidas. Porque qualquer coisa é melhor do que o emprego sem perspectivas que eu tenho agora. Porque minha esposa respondeu ao anúncio de emprego e eu quero agradá-la. Arrumar um emprego é uma coisa; arrumar um emprego pelas razões certas é outra completamente diferente.

Como chegar, então, ao momento em que você finalmente entrevista alguém para o cargo dos sonhos? Devo concluir com uma sacação adaptada de James Collins e Jerry Porras, administradores americanos que ficaram famosos por causa de *Feitas para durar*, livro que analisa certo número de empresas visionárias. Tendo examinado a diferença entre as boas e as grandes empresas, eles concluíram que as grandes só são grandes porque fazem coincidir três fatores: ser bom em alguma coisa, gostar de fazer alguma coisa e fazer essa coisa ser comprada pelos consumidores. Você pode imaginar essa teoria como um diagrama de Venn em que cada círculo deve se sobrepor aos outros de maneira idêntica. Eu, por exemplo, posso estar entre os principais campanólogos do mundo e receber um iene pela minha arte. O que recebo com essa sublime profissão, porém, jamais cobrirá o que gasto com meu aluguel. Ou eu encontro uma forma de monetizar minha paixão, ou vou ter de partir para outra.

Não é preciso dizer que o equilíbrio perfeito entre os três fatores pode ser ilusório. O que é interessante é o fato de, ao longo de nossas vidas profissionais, nós prestigiarmos círculos diferentes em momentos diferentes. O trabalho do estudante que serve mesas tem como objetivo ganhar dinheiro, e, por mais que possa ser um tanto divertido, ele jamais será visto como uma vocação. No meio de sua vida, porém, apesar de ainda estar interessado em ganhar uns trocados e de o trabalho talvez ainda não ser a sua paixão, você já se guia mais por aquilo em que é bom – você, inclusive, provavelmente já terá alguma habilitação. Então, mais para o fim de sua carreira – e até mesmo durante a aposentadoria –, o importante se torna menos a desprezível grana do que a realização de algo em que você acredita. Nós vivenciamos os três círculos em proporções e em momentos diferentes; e assim, conseguir um emprego pode equivaler mais a escolher o que parece certo em determinado momento da vida do que a definir-se para todo o sempre.

11
Apaixonando-se

QUANDO, NO ÉPICO romance *Anna Karenina*, de Tolstói, a heroína casada se apaixona pelo vistoso soldado Vronski, uma terrível ironia acontece. Pouco tempo antes, Dolly, a cunhada de Anna, a chamara para que ela a ajudasse a salvar seu casamento com o irmão da protagonista, ameaçado em virtude do caso que ele tinha com a criada. Anna, a médica do adultério, se torna ela mesmo uma adúltera, infectada pela doença que deveria curar.

A ironia se presta a diversas interpretações. Psicologicamente, Anna era sugestionável: apesar da virtude superficial que levou Dolly a envolvê-la na situação, Anna possuía uma predisposição implícita para a infidelidade. Algo nela a tornava suscetível à ideia do amor extraconjugal, e quando, graças ao seu irmão, sua ideia ganha corpo, ela vê despertar uma inclinação que de outro modo permaneceria dormente. Esse algo dizia respeito à ânsia, há muito sufocante, por fugir de seu casamento sem amor com um burocrata de incrível sangue-frio. Vendo o excesso de calor romântico ostentado pelo namorico de seu irmão, Anna deseja um quinhão capaz de compensar o que lhe falta. Ao deixar de ser suavemente bondosa, como no início do romance, e tornar-se alguém moralmente ambíguo, ela adquire uma profundidade psicológica que, para usarmos a classificação do romancista e crítico inglês E. M. Forster, a torna um personagem menos "plano" e mais "redondo".

Apaixonando-se | 125

Depois, temos uma leitura menos baseada nas motivações de seus personagens do que na estrutura do livro, uma leitura "tipológica". A indiscrição de seu irmão marca algo novo para Anna: ele é o "tipo" e ela é o "antitipo" de um modelo que não é diferente daquele de *Romeu e Julieta*, em que Romeu precisa se deixar seduzir por Rosalina antes de sucumbir à senhorita Capuleto. Nesses casos, o que se dá não é nada menos do que um reconhecimento tácito da Bíblia cristã: "tipologia" se refere, nesse contexto, à relação entre uma figura do Velho com uma figura do Novo Testamento, como a de Adão com Cristo, na qual o primeiro representa um prenúncio do segundo, que a todos obscurece. Um acontecimento de menor envergadura prepara o terreno para algo maior, sendo uma espécie de aquecimento ou ensaio. Desse modo, o problema menos grave de Dolly abre caminho para a situação séria de Anna.

Caso isso pareça uma questão puramente técnica, a tipologia, além de dar forma ao livro, é um recurso por meio do qual Tostói comunica uma descoberta sobre a natureza do amor: o amor age numa escala que vai do doméstico ao dramático. Quando as dores de Dolly assumem um ar cômico, o laço de Anna com Vronski se torna pura tragédia; e, como é Anna quem está no centro do palco, devemos deduzir que, quando se trata de amor, quanto mais trágico, mais verdadeiro. Menos que isso não vale tanto, o que significa que o amor mais puro traz consigo a dor. À semelhança da vocação religiosa, o verdadeiro amor culmina numa dimensão superior – um reino de arrebatamento –, mas, para isso, ele exige o autossacrifício, o qual é vividamente ilustrado quando Anna acaba por se jogar debaixo de um trem.

Anna e seu mundo podem ser ficcionais, mas essa escala amorosa se aplica também à vida real, em especial àqueles que se apaixonam pela primeira vez e que podem se perguntar se o que estão vivenciando é de fato genuíno. A incerteza existe porque o amor é tão peculiarmente subjetivo que se torna difícil cotejá-lo com padrões diretos. Enquanto sabemos que, por ser curada pelo paracetamol, a dor de cabeça é igual para todos, nada pode testar cientificamente o amor. Será que o que estou sentindo é amor, ou será isto uma imitação? É possível que cada amor seja único. Ainda que a emoção pareça real, os mais velhos talvez a vejam como mera paixonite, e por não haver provas, mas apenas declarações pessoais, essas reações podem deixar um rastro de dúvida na cabeça do amante.

Parte do problema está no fato de o amor se prestar exultantemente a imitações, e isso porque ele apresenta sintomas facilmente observáveis: você fala obsessivamente sobre a nova pessoa, escuta canções lamacentas, fica olhando para o nada, escreve poesia etc. Coisas que parecem amor podem de fato parecer cópias, falsos cognatos ou fraudes, o que significa que, mesmo sem muita habilidade, é possível fingir paixão. Assim, enquanto aquele rastro de dúvida não se esvai, ele pode ser ofuscado por um pouco de encenação amorosa. Do mesmo modo como um casamento cheio de enfeites é supostamente mais romântico, é possível suplementar o amor com esses gestos imediatamente acessíveis e, assim, convencer tanto os céticos quanto a si próprio de sua validade. Além disso, ao privilegiar o extraordinário em detrimento do ordinário, essa escala do amor cria uma pressão pelo exagero. Ninguém pode dizer que está apaixonado e, ao ser interrogado, afirmar que as coisas estão apenas "bem": as coisas precisam estar incríveis. No amor, não há muito espaço para a dúvida, ou ao menos para a admissão dela.

Apesar desse potencial para a incerteza, para a ilusão e para o drama, apaixonar-se é certamente o acontecimento mais monumental da vida de uma pessoa. Para Anna Karenina, isso se dá em grande parte porque ela já estava casada, com a mistura do novo amor com o velho matrimônio mostrando-se algo altamente inflamável. No entanto, as chamas do amor nem sempre necessitam de combustíveis tão complexos: um cenário simples, no qual um menino encontra uma menina, pode bastar. De todo modo, apaixonar-se coloca um tsunami no meio de uma paisagem que, de outra forma, seria trivial, e isso, obviamente, pode culminar em coisas mais cruciais, como o nascimento de filhos. Essa é uma das poucas coisas que podem influenciar tanto a vida de alguém quanto as circunstâncias de seu início – a sua nacionalidade, sua família, o país em que se mora; na verdade, apaixonar-se tem o poder de redefinir todas as três. Quando alguém se apaixona, seu próprio destino está em jogo.

Não é de surpreender que o amor desencadeie uma série de sentimentos – prazer, angústia, ansiedade, insegurança e assim por diante. No entanto, seria um erro pensar que são esses sentimentos que definem o amor. Afinal, ainda que em proporções diferentes, nós sentimos isso tudo nas situações mais triviais e cotidianas: ao consertar o aquecedor, conversar com o sobrinho mais novo, esperar o resultado de uma prova. O que há de diferente, então, no amor? É fato que esses sentimentos se centralizam em outra pessoa. Todas as emoções divergentes passam subitamente a convergir numa única presença. Enquanto, antes de apaixonar-se, suas atenções estiveram irregularmente dispersas por aí, agora uma figura de destaque supera todas as outras, como se, do meio de uma multidão, um príncipe ou uma princesa até então desconhecidos dessem um passo à frente. Não há amor sem uma ligação a alguém específico ou sem que essa pessoa seja estimada ao máximo. Se essa é uma emoção, talvez seja uma espécie de alívio – alívio porque alguém importante enfim apareceu para acomodar todas as suas tiritantes esperanças.

Desse modo, a atribuição de um valor incomum a outro ser humano – o que Freud tratou como a "superestima do objeto" – é aquilo que comumente chamamos de "idealizar" alguém. Para seus amigos e sua família, o novo amor escolhido pode parecer meio sem sal, até mesmo indesejável, mas, ao menos por ora, você estará surdo a críticas, vendo nele ou nela pouco mais do que uma inexpugnável adequabilidade. Melhor assim: sem alguma negação da realidade, a idealização não seria idealização; se o amor precisasse se limitar às evidências empíricas, ele não decolaria. Talvez seja isso o que nos permita passar do gostar ao amar: gostar pode ser muito legal, mas carrega realismo demais para chegar ao amor. Dizem que o amor é cego, como se fosse melhor para ele ter uma visão clara das coisas; contudo, clareza demais poderia colocar tudo a perder. Ao suprimir as verdades menos lisonjeiras em prol das que mais o são, o amor facilita o vínculo, o que sugere que o vínculo depende de um grau estratégico de ilusão mútua. Sem mais delongas, é isso o que nos permite amarmos e sermos amados.

Se isso faz do amor uma farsa frágil ou uma falcatrua que visa apenas manter a reprodução da raça humana, não significa, porém, que não haja atividades mais profundas em jogo. Afinal, o amor toca a alma, perturbando-a e reordenando-a; o amor é sobrenatural, como se habitasse um fuso horário estrangeiro, um local longínquo do universo. Esse outro mundo é onde a alma reside, dado que ela – supondo que de fato exista – é aquilo que antecede e sobrevive a nossas vidas biológicas, aquilo que transcende o corpo físico e desfruta de uma ligação inerente com a eternidade. Como tal, ela se torna uma aliada natural do amor, que gosta tão somente de imaginar a própria perpetuidade. Quando as pessoas falam em encontrar uma "alma gêmea", por exemplo, é como se uma união arcaica fosse reativada. O amor remete a um tempo há muito esquecido, a uma união remota, e os amantes com frequência descreverão a sensação de que já se conheciam antes.

Ao lado desse atavismo, o amor também leva a alma à contemplação do infinito, com os amantes também falando compulsivamente sobre a duração eterna do que sentem. Jubiloso como é, dizer "eu te amo" significa, portanto, reconhecer a própria mortalidade, reconhecer que existe algo – o próprio amor – capaz de durar para além do fim da vida. De fato, existe uma tradição antiga – a qual remete a Platão e depois – que interpreta o amor como uma espécie de escada que conecta os homens e os deuses. De pé nos degraus inferiores, os amantes olham para o alto e veem aquela esfera eterna e imortal do divino que, de outro modo, permaneceria fora de seu alcance. Isso sugere que o amor romântico, em vez de ser meramente humano, nos estimula a alcançar algo superior, talvez infinito. Não que o amor humano, seja ele erótico ou apenas amistoso, seja *diferente* do amor divino; ao contrário, o primeiro é um caminho que conduz ao segundo. Essa ideia é assimilada pelo cristianismo, segundo o qual Jesus, cujo papel era fazer a mediação entre o Céu e a Terra – isto é, subir e descer a escada –, ensina uma doutrina cujo centro é o amor. Direcionada inclusive, ou principalmente, aos inimigos, a prática do amor é a que mais nos aproxima – mais do que ser rico ou famoso, digamos – da vida eterna, do lado direito de Deus. Alguns teólogos vão além, interpretando todo o mundo como uma emanação do amor divino. Numa variação desse raciocínio, o filósofo Spinoza afirmou, no século XVII, que Deus está presente em tudo o que se encontra à nossa volta e que a maior virtude que poderíamos alcançar é a capacidade de amar essa presença. De todo modo, o amor na Terra fornece um gostinho do paraíso que virá – sendo ele mesmo uma espécie de tipologia. O amor é terreno, mas olha para cima.

E, exatamente por ocorrer na Terra, esse aspecto anímico do amor estará sempre preso à sua experiência mundana. Como uma flor, o amor se volta para o sol, mas permanece enraizado no solo – e isso de tal forma, que seus aspectos mundanos, como o desejo e a saudade, muitas vezes causam sofrimento. Daí aquelas ansiedades semelhantes às de Karenina e a sensação, mais genérica, de *bouleversement*, como dizem os franceses: a desorientação que acompanha o amor. De certa forma, o amor nunca se torna anímico o suficiente, nunca alcança a serenidade que vislumbra, dado que precisa lidar com um relacionamento mundano. Depois de um tempo, nós deixamos de estar apaixonados e apenas amamos, quando então as coisas se acalmam novamente. No momento em que se está propriamente apaixonado, porém, tudo é um grande caos.

Um dos motivos dessa inquietação tem pouquíssimo a ver com a alma ou com as emoções. O fato é que, como rito de passagem, apaixonar-se tem por objetivo reorientá-lo acerca do lugar a que você pertence, reordenar sua grade de afinidades. Isso faz com que esse marco seja diferente de todos os outros – com exceção do nascimento, que é o ponto de partida. Tradicionalmente, apaixonar-se marca o período que separa o morar com os pais do mudar-se com um cônjuge, uma espécie de interregno ingovernável em que as coisas ficam em suspenso. Se o amor tem alguma função, talvez seja a de descongelar o sistema familiar antes de congelá-lo novamente; vínculos são desfeitos e feitos, e esse processo pode ser desnorteador. E, embora hoje a maioria das pessoas se apaixone várias vezes antes de montar uma casa, cada relacionamento ainda começa mais ou menos como se fosse o último. Dessa forma, essa regra do distúrbio necessário ainda se aplica.

Existe, porém, um *bouleversement* pior, capaz de ser literalmente trágico. Ele acontece quando o amor não é correspondido, num amargor que não contém quase nenhuma doçura. Seu retrato mais célebre se encontra em *Os sofrimentos do jovem Werther*, de Goethe. O jovem protagonista simplesmente não consegue fazer com que sua amada Charlotte o veja como algo mais do que um amigo encantador, e, enquanto ele espera por ela, ela se casa com seu rival. Werther pega uma pistola e a utiliza para dar fim à sua breve vida, mas, ao mesmo tempo, também desencadeia a moda do suicídio romântico entre os leitores reais de Goethe. Sua mensagem é a de que os sentimentos do amor, em especial quando não correspondidos, podem ser demais para alguém suportar, e isso nos remete à questão de como demonstrar que o amor existe. Se o amor é tão facilmente imitável, como um pretendente convence sua amada da sinceridade do que sente? O suicídio ao menos prova que o amor é autêntico, ainda que anule para sempre a possibilidade de ele ser correspondido.

Esperar pelo amor pode claramente ser algo nocivo, e, para Roland Barthes, autor francês de *Fragmentos de um discurso amoroso* – obra que se refere muito à narrativa de Goethe –, a espera representa um tipo de emblema crucial do amor até mesmo quando ele é correspondido. Como o amor é uma espécie de vício, ter de esperar por uma dose de alguém pode ser intolerável. Quando se está apaixonado, tudo o que você quer é mais; a vida longe do amado mal parece ser vida. Barthes descreve isso como "o tumulto de angústia, provocado pela espera do ser amado e sujeito a atrasos triviais (encontros, cartas, chamadas telefônicas, retornos)". Tal como se dá com a criança que precisa comer as verduras antes de partir para o bolo de chocolate, essa espera necessária parece menos a prorrogação moderada de um prazer indulgente do que a privação de um direito vital que faz a vida valer a pena. Isso é de fato um tumulto, e os jovens amantes marcam o tempo não de acordo com o relógio, mas de acordo com o período que passam com a pessoa amada; tudo se resume ao tempo que lhes resta juntos e à próxima vez em que ambos se verão. O companheiro se torna um ponto de referência para todas as atividades, fazendo o relógio correr devagar quando não está presente e rápido quando está.

Ao falar da espera, Barthes descreve um amante imaginário dizendo a si mesmo: "Estou apaixonado? – Sim, dado que espero." Está aí sua maior e mais inovadora sacada. Em vez de começar com os sentimentos suscitados pelo amor e com a tentativa de expressá-los, Barthes insinua que os amantes agem do outro lado do telescópio. Você está apaixonado por alguém porque está esperando por ele, e não porque esse alguém é de fato seu ideal: isso é o oposto de esperar alguém por estar apaixonado. O comportamento externo determina a condição interna. Na verdade, toda a trajetória do amor se baseia mais nesses comportamentos corriqueiros do que em motivações pessoais, o que explica por que o amor passa por fases tão previsíveis. Talvez pudéssemos pensar que o amor se resume ao sentimento livre e à expressão espontânea, mas ele possui uma agenda própria que é ativada por cada relacionamento. Em outras palavras, Barthes vê o amor como uma série de estratagemas estereotipados que precisamos colocar em prática para que o amor possa valer como amor. Mais uma vez, isso levanta a questão da falsificação, pois existe aí a confusão do verdadeiro amor com seus equivalentes teatrais. Esclarecido isso, o que Barthes quer dizer é mais sutil: o amor é, *ao mesmo tempo*, algo verdadeiro e um pastiche. Seu melodrama faz parte de sua essência, e não há amor que não se comporte dessa maneira.

De todas as ações praticadas pelos amantes, a mais importante talvez seja a de dizer "Eu te amo". Isso representa um clímax linguístico, uma declaração amorosa incapaz de ser suplantada por nenhuma outra. Poderíamos até mesmo afirmar que os amantes só estarão de fato apaixonados quando disserem essas três palavrinhas. Afinal, se você não pode dizer ao seu parceiro que o ama, como pode afirmar que esse amor é real? Você pode até senti-lo em seu coração, mas, como o amor possui aquele caráter performático, é preciso se expor e declará-lo. O amor está no dizer. E, no caso do primeiro amor, declará-lo quase equivale a perder a virgindade – sendo talvez até mais precioso. Sim, a virgindade é de fato um recurso mais raro que só pode ser negociado uma vez, enquanto a expressão "Eu te amo" pode ser repetida sem perder significativamente o seu valor – com a única condição de que as declarações dedicadas aos ex-amantes valham menos do que as declarações ao atual. Ainda assim, como esse tipo de anúncio envolve tanto a alma – como vimos agora há pouco – quanto o corpo, as apostas se tornam muito mais altas. Tecnicamente, "Eu te amo" pode ser uma expressão tão trivial quanto qualquer outra em nossa língua, mas, por significar o que significa, ela é dita como se jamais fosse ser pronunciada de novo, como se cada enunciação fosse única. A expressão precisa soar tão inédita e irrepetível quanto o próprio amor.

O mais estranho, hoje, é o fato de a unicidade do amor ser uma experiência que coincide com a certeza generalizada de que ele pode lhe ocorrer mais de uma vez ao longo da vida. Nesse sentido, *Anna Karenina* anuncia o período moderno, quando o "primeiro amor" se torna exatamente isso: o primeiro, mas não o último. Quanto mais as pessoas vivem, quanto mais abastadas elas se tornam e quanto mais tomam consciência da quantidade de opções que têm, mais elas desenvolvem o sentimento de que o amor é um prazer que deve ser renovado de tempos em tempos, a exemplo do ato de comprar uma casa. Ainda assim, o primeiro amor é especial, um exercício da alma que remete à munificência e à ternura da infância ao mesmo tempo em que lhe apresenta a sensação de ser alguém crescido, alguém que pode viver ao lado de uma pessoa que não estava lá no início da sua vida. Você passa a ser um eu com outro eu, um par, e, ao fazê-lo, torna possível ver o futuro nos olhos do outro.

12
Juntando as escovas de dentes

EXISTE UM EPISÓDIO da comédia americana *Segura a onda* em que Larry David, fazendo o papel dele mesmo, renova os votos de seu casamento. Ideia de sua mulher, Larry só concorda com ela depois de amadurecê-la por um tempo. No entanto, o personagem descobre que na cerimônia precisará declarar seu amor "por toda a eternidade", e, sendo Larry quem ele é, seria impossível deixar essa passar. Dez anos antes, no casamento verdadeiro, ele concordara em se unir "até que a morte nos separe". Obviamente, existe entre a morte e a eternidade um vão infinito. Talvez ele esteja pensando que a eternidade pode ser um bom lugar para encontrar outra pessoa.

Embora cômica, essa situação levanta questões sobre o casamento que não são completamente burlescas. Por que é a morte, e não a eternidade, o termo comumente utilizado quando da contração do matrimônio? Em princípio, isso acontece porque, após a morte, você deixa de pertencer a alguém e passa a pertencer a Deus, ou ao menos ao universo. Além disso, é estranho imaginar um céu cheio de casais, um paraíso que, para muitos, equivaleria ao inferno. Seria possível se comportar celestialmente estando acorrentado a uma parceira pronta para apontar suas culpas e para arrastá-lo, de modo quase literal, de volta à terra? Provavelmente não. Por conseguinte, o casamento possui uma natureza mundana, constituindo uma estrutura pragmática para a educação dos filhos e a manutenção do sexo dentro dos limites do respeitável.

Do ponto de vista humano, o casamento pode parecer terrivelmente romântico, abrangente ou sublime, mas, do alto, ele não passa de um vínculo conveniente que propicia, aqui na terra, uma organização social que poderia ser pior.

Desse modo, Larry David pode ter razão ao se mostrar cético, ainda que por razões diferentes das que ele enunciaria. Por mais doces que sejam os sentimentos de sua esposa diante do amor eterno, eles não fazem sentido: o matrimônio termina na vida e não passa dela. De fato, reconhecer que o relacionamento deve terminar com a morte concede ao casamento grande parte de seu *pathos* humano. Os votos dizem: "Eu a amarei até quando puder. Não posso amá-la depois de morto, porque estarei morto." O casamento, por assim dizer, tem início na morte, agindo de trás para a frente a fim de preencher o período interveniente com o amor. Se não houvesse limites para esse amor – se o casamento fosse de fato eterno –, ele perderia a tensão exigida pelo compromisso. Afinal, não seria necessário se comprometer se você jamais fosse perder a outra pessoa; seria redundante.

Assim, Larry dá continuidade à celebração e profere seus votos como no casamento original, o que levanta a segunda questão: o que faltava à primeira promessa para que ela precisasse ser renovada e expandida? As promessas por acaso caducam? Sem dúvida, o sentido da promessa está no fato de que, contanto que não seja quebrada, ela permanece intacta, nova como no dia em que foi feita. Uma promessa é, em parte, uma forma de resistir ao tempo, de suportar as mudanças circunstanciais que ameaçam desfazer a boa intenção que o juramento registrara. É em face da inconstância que a promessa é feita, momento em que se declara que ela será cumprida aconteça o que acontecer. E, ao referir-se igualmente a ocasiões de doença e saúde, riqueza e pobreza, a cerimônia do matrimônio deixa tudo isso claro: ela solicita que a noiva e o noivo aceitem permanecer constantes em meio a todas as mudanças.

Essa firme qualidade da promessa estimulou a reflexão de vários filósofos. O primeiro deles talvez tenha sido santo Agostinho, que escreveu sobre os votos de fidelidade a Deus. Se comparado a essa devoção superior – as freiras dizem estar casadas com a Igreja, com Jesus ou com o próprio Deus –, o ato de casar é de fato a alternativa mais mundana, ao mesmo tempo em que parece seguir o seu exemplo. A nobre fidelidade a seu cônjuge ecoa o compromisso que se tem para com Deus, e, nesse sentido, os votos do casamento são divinos. Eles demonstram que você tem fibra moral para ver além das tentações que acometem os outros e, assim, permanecer ligado unicamente à sua parceira. Isso faz da promessa uma expressão direta da virtude; de fato, a palavra "vício", oposta a "virtude", significa literalmente um "desvio", como se permitisse que a cabeça de alguém fosse desviada ou seduzida pelas tentações que se encontram ao longo do caminho. A promessa, tal como a virtude, se resume à franqueza e à força, e não a um desvio do caminho prometido. Nas situações mais comuns, a pessoa que diz "Eu prometo" pode esperar aprovação moral.

No entanto, a promessa também tem lados menos virtuosos, mas que ainda assim não diminuem sua força. Para Friedrich Nietzsche – pensador quase diametralmente oposto a Agostinho –, fazer uma promessa equivalia a resistir tanto aos dogmas relacionados à "virtude" quanto a qualquer conotação religiosa. Quando prometemos, declaramos nossa intenção de dominar o futuro com a nossa vontade, de reduzir as vindouras vicissitudes da vida a uma opinião pessoal sobre como ela deveria ser. Em vez de encarar tudo o que aguarda o futuro ou de prostrar-se diante de uma vida que deve ser emulada, nós fazemos algo ativo: anunciamos que tornaremos concreta uma aspiração, que controlaremos aquelas eventualidades futuras que, caso contrário, ou nos controlariam, ou nos colocariam no oceano do destino e nas mãos dos outros. Nesse sentido, prometer e desejar são coisas idênticas, e obviamente a expressão "Eu quero" aparece com destaque em algumas versões da cerimônia matrimonial. Quando você faz uma promessa, o futuro, que de outro modo seria demasiadamente vasto e incompreensível, é apropriado e domado; para Nietzsche, isso significa que ele também é tirado de alguém, em especial de uma instituição como a Igreja, que poderia reivindicar certa autoridade sobre o que há de vir. Ao se casar, os noivos anuem a um futuro como marido e mulher que não terá qualquer ajuda externa. Observando esse momento de delegação de poderes, Nietzsche talvez preferisse que aquele fosse um juramento individual, e não duplo, mas a lógica persiste. Prometer demonstra força de caráter, a destemida energia que busca dobrar o mundo de acordo com a sua vontade.

Muito influenciados por Nietzsche, vários pensadores do século XX adotaram as ideias de seu predecessor, tentando porém retomar a estrutura moral que Nietzsche extirpara de modo tão eficiente. Sim, a promessa (inclusive a do casamento) lança uma rede sobre o futuro, dando a ele uma forma e arrastando-o com firmeza; porém, é igualmente importante o fato de ele lançar uma rede também sobre outra pessoa. Se o casamento é um compromisso comum com o *futuro*, é também um compromisso *comum* com o futuro. Uma promessa não se realiza no isolamento: nós só prometemos para um outro, ainda que esse outro seja nós mesmos. Uma resolução de Ano Novo, por exemplo, é uma promessa que se faz para si próprio. Com ela, dividimos o eu ao meio, de modo que um de nós age enquanto o outro espera o primeiro falar. Sem esse tipo de relação, não haveria prestação de contas – e uma promessa sem isso não é promessa, e sim um fútil devaneio. Recorrendo a um exemplo mais trivial: se eu prometo que pagarei o que lhe devo, estou travando com você uma relação, de forma que uma tensão agora existe entre nós – não uma tensão emocional, mas a tensão mais basilar definida pela existência de assuntos que não foram resolvidos. Essa tensão instável é algo bom, pois gera um contato autêntico entre as pessoas; devedor ou credor, cada um está interessado na outra parte. Além disso, a promessa solicita que um aja corretamente com o outro – nesse caso, que eu devolva o dinheiro no momento acordado e que você não me cobre uma taxa de juros extorsiva. Tem origem aí a qualidade moral da promessa, uma qualidade que, no casamento, apenas se duplica, dado que em geral os votos exigem dos noivos a divisão não apenas do dinheiro ("bens terrenos"), mas também de seus corpos e almas. O casamento representa uma espécie de débito absoluto que flui em dois sentidos; e, como ambas as partes estão devendo, ambas também estão, ao menos em princípio, mais propensas a agir da maneira certa. Para testar isso, basta fazer o caminho inverso e questionar o que aconteceria se nunca fizéssemos promessas, estivessem elas relacionadas ao casamento ou não. Afinal, em certo sentido, todos os relacionamentos se fundamentam em promessas, ainda que estas sejam promessas não escritas: a de que serei legal com você ao vê-lo, a de que não o verei menos do que X vezes dentro de um período de Y dias etc. É assim que nossas expectativas são formadas. O que é peculiar ao casamento é o fato de esses votos serem escritos e, obviamente, declarados. A promessa matrimonial é pública, e por isso a prestação de contas se destina a um grupo maior de pessoas. Até mesmo quando o casamento é realizado privadamente, sem toda aquela parafernália – apenas a noiva, o noivo, o juiz e as testemunhas –, ele continua sendo tecnicamente público, uma transmissão nupcial. Em parte, isso tem como objetivo extirpar qualquer bigamia ou qualquer escândalo igualmente criminoso, mas também serve para fazer com que, sob o olhar dos outros, os recém-casados se sintam mais responsáveis por fazer o casamento funcionar. Não é possível casar na escuridão metafórica, e aqueles casais que fogem para escapar do olhar de sua família ainda descobrirão que, para ser legitimado, o matrimônio exige testemunhas. Ademais, as promessas ficam moralmente – quiçá legalmente – mais fortes quando há outros envolvidos, ainda que apenas porque, ao quebrá-las, também eles se sentirão atingidos, uma vez que investiram na união.

Desse modo, a promessa matrimonial prende o noivo e a noiva a três pontos centrais: o futuro, o parceiro e as testemunhas. Além disso, se o casamento precisa necessariamente ser testemunhado, pouco surpreende o fato de ele se tornar um acontecimento tão visual. O que começa como uma exigência legal logo vira uma peça de teatro, uma celebração registrada tanto pelo olhar de cada convidado quanto pelo fotógrafo oficial, passando também pela câmera que cada convidado traz em seu bolso. Com exceção do nascimento de um bebê e talvez da graduação, há poucos marcos que documentamos com tanto zelo quanto a cerimônia do casamento – nós o fazemos com muito mais zelo do que quando da aprovação no exame de direção ou, digamos, da conquista de um emprego. Talvez isso aconteça por ser essa uma ocasião fundamentalmente partilhável, com tantas pessoas se sentindo parte dela. Um casamento sem registro é algo quase impensável. Dessa forma, os noivos, acometidos pelo desconforto, acabam por se vestir de maneira especial, o que leva os convidados, que querem se deslumbrar ainda mais, a também se vestirem com elegância. Assim, eles se tornam mais visualmente atraentes aos outros convidados, que passam então a se deslumbrar uns com os outros. O festival ótico estimula o apetite que ele mesmo sacia, e a principal atividade num casamento se torna não comer ou dançar, mas olhar.

Em destaque nessa "escopofilia" exponencial, nesse festival de olhares, encontra-se a figura da noiva, aquela que reina como o ícone do dia, recebendo toda a adulação, a adoração e a atenção que isso implica. Todos os olhares se voltam para ela, foco em que gentilmente resvala cada par de olhos. Isso por acaso explicaria o porquê de, nas culturas ocidentais, suas vestes ostentarem o branco tradicional? Sim, o seu vestido de fato simboliza a pureza, mas, dada a intensidade da consideração que a noiva de bom grado recebe, talvez apenas o branco seja neutro o suficiente para não colorir – literalmente – as fantasias direcionadas ao seu ser quase régio. De maneira curiosa, isso a torna tão genérica quanto especial. Por um lado, a noiva é o personagem mais exposto, visto, exibido, fotografado e falado do evento; por outro, a brancura radiante faz com que ela quase desapareça, passando a ser chamada apenas de "a noiva", e não pelo próprio nome.

Esse jogo de aparecimento e desaparecimento, de presença e ausência, converge de modo especial no véu que ela delicadamente usa sobre o rosto. Numa alusão à tensa defesa do hímen, também o véu evoca a virgindade e, com ela, a dúvida sobre se a noiva se entregou ou não ao esposo. É significativo, portanto, que o véu jamais lhe obscureça a face por completo. Transparente ou opaco, mas sempre deixando os olhos visíveis, ele comunica que a noiva está disponível e indisponível na mesma medida. Nisso, o véu se vê associado às palavras "nupcial" e "núbil", dois vocábulos que, segundo dizem, se referem às nuvens – isto é, uma cobertura não completamente impenetrável do céu. Durante os votos, o véu deve permanecer solenemente em seu lugar, apenas insinuando o desvelamento; somente quando o rito for cementado com a troca das alianças é que o véu pode ser içado para o beijo, confirmando a transição do retraimento ambíguo à completa presença e prefigurando a consumação mais íntima que está por vir.

Obviamente, a ideia da noiva que é "entregue" ao noivo tem sido atacada por seu chauvinismo, e um grande corpo de textos antropológicos já analisou os presentes, humanos ou não, que são dados quando do casamento. Não importa o que vocês achem: o casamento envolve também, além do acordo romântico, um acordo econômico, a partilha e a divisão do capital, trazendo com isso a possibilidade de ambas as partes envolvidas incrementarem sua riqueza. Nesse sentido, por representar o pontapé inicial do casamento, a cerimônia permite uma alusão ao patrimônio líquido de cada família, algo do qual os convidados tomarão plena consciência ao reconhecer o valor das flores, das marquises e do champanhe. Nos dias de hoje, esse capital nupcial quase sempre se configura como a participação que cada noivo possui em determinada propriedade, e não como uma caixa de prata; no entanto, o que vemos em jogo é aquela mesma base patrimonial implícita, sobre a qual se funda o novo empreendimento representado pela parceria entre o marido e a mulher.

Por acaso, essas considerações econômicas solapariam o romance? Em geral, tendemos a dizer que sim, mas basta apenas que retornemos, digamos, à época de Jane Austen para ver o quão entrelaçados os dois fatores há muito tempo estão. Capítulo após capítulo, o leitor acompanha a meticulosa análise das vantagens e desvantagens financeiras do matrimônio e a análise de como esses fatores, ao lado dos sentimentos românticos que estão em jogo, produzem um excelente algoritmo para determinar se o casamento deve ser realizado ou não. Amor e dinheiro faziam parte de um único cálculo, colocando o coração e a cabeça numa oscilação rápida que turvava a distinção de ambos. Não que a separação dos dois já não fosse vislumbrada: meio século antes, William Hogarth, compatriota de Austen, pintou imagens que anunciavam as terríveis consequências do casamento realizado por questões puramente monetárias. Povoadas por capitalistas corpulentos, advogados avarentos e sibaritas sifilíticos, elas deixam claro que o dinheiro é um verme venenoso que adentra o coração e fatalmente o infecta.

Quando, por contraste, o casamento é constituído apenas de amor – por mais ingênuo ou implausível que isso possa soar aos ouvidos céticos –, esse amor não é apenas confirmado, mas transfigurado. É possível, claro, encontrar amores intensos fora do casamento – e, para muitos, é o casamento que corrompe o amor. Porém, até mesmo os amantes mais seculares e antiautoritários buscarão formas cerimoniosas de solenizar o que sentem um pelo outro, e essa "cerimônia" não precisa consistir em nada mais do que num "Eu te amo". A questão é que, por mais febril que seja, o amor romântico profundamente vivenciado parece ansiar pela quietude momentânea, pela formalidade e pela seriedade que acompanham uma declaração de amor como essa. Até mesmo algo tão superficial quanto um casamento em Las Vegas ostenta alguns segundos de seriedade; para subscrevê-lo, a superfície exige, ainda que brevemente, certa profundez. Essa declaração concede ao amor a indestrutibilidade que ele teme jamais alcançar; o triunfo do matrimônio é tornar real essa permanência, é preservar os sentimentos que são suscitados pelo casamento e que, de outro modo, seriam demasiadamente fluidos e transientes. Eis o que define o casamento feliz: a perseverança do amor ao longo do tempo.

Talvez venha daí a afinidade entre o amor e a poesia, forma de linguagem que mais aspira à permanência – e talvez venha daí, também, o fato de as pessoas muitas vezes lerem poemas nos casamentos. E, no posto de poema nupcial mais profundo de todos os tempos, nada jamais conseguiu superar o antigo Cântico dos Cânticos. Escrito por ou para o rei Salomão, esse epitalâmio (termo técnico para o hino de núpcias) constitui um dos livros da Bíblia hebraica, embora a ausência de um conteúdo explicitamente religioso tenha levado os comentadores a questionarem sua inclusão. Os defensores do cântico afirmam que o diálogo sensual – e até mesmo erótico – entre o noivo e a noiva, o qual forma a maior parte do poema, é uma alegoria do amor entre Deus e a humanidade ou entre Deus e a Igreja. Seja como for, o poema possui seus próprios méritos literários e nos ajuda a esclarecer o significado do casamento.

Não menos impressionante é o fato de o cântico enfatizar a admiração da noiva pelo noivo tanto quanto a admiração do noivo pela noiva, mitigando, assim, aquela obsessão moderna pela mulher de branco que coloca de lado o negligenciado futuro marido. Como tal, o cântico traz harmonia e equilíbrio. A noiva diz:

> Meu amado é forte e corado, único entre dez mil.
> Sua cabeça é ouro puro, seus cachos flexíveis são negros como o corvo.
> Seus olhos são como pombas à beira dos regatos, banhando-se no leite, pousadas na praia.
> Suas faces são canteiros de bálsamos, doces como as flores. Seus lábios, lírios que vertem mirra líquida.
> Suas mãos são argolas de ouro incrustadas de pedrarias. Seu corpo é um bloco de marfim recoberto de safiras.
> Suas pernas são colunas de alabastro erguidas sobre pedestais de ouro puro. Seu aspecto é como o do Líbano, imponente como os cedros.
> Sua boca é cheia de doçura, tudo nele é encanto.

Contudo, por abrir espaço para a noiva exprimir seus sentimentos eróticos, o poema também se mostra tipicamente moderno. A paixão dela permeia seus versos e, assim, expõe sua virgindade como circunstância muito pouco reprimida de intento sexual, e não de objeção casta. Nós usamos "juntar as escovas de dentes" como metáfora para o compromisso, mas nela não está explícito que esse compromisso é tão físico quanto emocional ou prático. Aqui, eles se escoram na atraente sensibilidade pela qual o casamento, em vez de conduzir à diluição do amor, concentra uma força que já é inebriante. Ao sublinhar esse aspecto erótico do casamento, as núpcias modernas tendem a ocluir aquilo mesmo que levou os casais a desejarem uma união.

De fato, as coisas não se limitam ao amor: trata-se de uma adoração total. Do mesmo modo como o noivo a enaltecera como uma deusa, a noiva pode muito bem estar louvando um deus. Cada esposo se torna um ícone para o outro, e a imagística das joias, das pedras brilhantes que perduram ao longo do tempo, indica novamente a permanência que o matrimônio, oposto aqui a um simples "relacionamento", contrai e se esforça para aprisionar. É como se o casamento fosse uma religião doméstica em que cada esposo cultua o outro, imitando assim a religião propriamente divina. Existe algo no fato de sermos marido ou mulher, e não namorado ou namorada, que carrega uma magnificência comparativa, uma magnificência relacionada à intenção perseverante que define o casamento. Uma coisa tão comum quanto o casamento incorpora o extraordinário.

Isso nos leva de volta à ideia do casamento para a eternidade. Ela é uma ilusão, claro, e Larry David tinha razão ao se mostrar cético. Tragicamente, basta que um dos cônjuges morra para que o matrimônio, naquele mesmo momento, termine também. Talvez seja difícil se conformar com isso, mas, apesar de toda a devoção destinada ao cônjuge falecido, o viúvo ou a viúva não se encontram mais casados. Nesse sentido, o casamento é apenas uma concha quebradiça erguida ao redor do inevitável destino de cada ser humano, com sua solidão e mortalidade fundamentais. Por outro lado, ele também se comporta como se fosse eterno, o que cria a ideia de um destino comum que poderia simplesmente seguir adiante, apesar dos limites óbvios e empíricos estabelecidos pela morte de suas duas partes. Quando nos casamos, entramos em contato com a ilusão nobre, e não vergonhosa, de que viveremos mais do que nós mesmos e de que permaneceremos para sempre ao lado da pessoa amada.

13
Tendo filhos

REGULARMENTE, o departamento responsável pelo recenseamento americano publica dados que preveem o número da população mundial. Estes são os valores correspondentes aos sete primeiros meses de 2010 (dia/mês/ano):

01/01/10	6.793.593.686
01/02/10	6.799.929.555
01/03/10	6.805.652.275
01/04/10	6.811.988.144
01/05/10	6.818.119.630
01/06/10	6.824.455.499
01/07/10	6.830.586.985

Por serem cálculos populacionais, esses números levam em consideração tanto os nascimentos quanto as mortes: todo mês, seis milhões de pessoas se somam ao mundo, cerca de 200 mil por dia, oito mil por hora, 140 por minuto ou duas por segundo. Se tivéssemos, é claro, uma quantidade incrível de recursos, a taxa de reprodução apresentada acima não faria qualquer diferença; no entanto, as advertências dos ambientalistas quanto à diminuição dessas fontes estão por toda parte. Menos aparente é o motivo que instiga esse ímpeto de ter filhos em escala tão colossal.

Para sermos justos, não é o mundo como um todo que está dizendo "Nós queremos mais crianças"; são os indivíduos, numa perspectiva reduzida, e não global, que optam por ter filhos, sendo a soma de todas essas pequenas decisões o que culmina numa grande crise. A crise poderia soar peculiarmente moderna, mas essa catastrófica separação da responsabilidade individual e da responsabilidade pública remete ao "imperativo categórico" proposto pelo filósofo germânico Immanuel Kant (a quem já recorremos na discussão sobre o sublime) há mais de duzentos anos. A doutrina diz que você só deveria fazer aquilo que gostaria que os outros também fizessem. Aja como se cada ação fosse se tornar uma lei ou um "imperativo" ao qual todos deverão se restringir: você pode ter filhos se quiser, mas isso implicaria que todos os outros também poderiam fazê-lo. Em linguagem popular, "você dá o exemplo".

É difícil discordar disso, mas, em geral, nós agimos não de acordo com o imperativo categórico, e sim com seu equivalente pobre – aquilo que Kant chamava de "imperativo hipotético", que esquece convenientemente que nossas ações individuais devem servir de modelo para todos. De acordo com ele, nós vemos o mundo como um meio de atingir nossos próprios fins – isto é, ter filhos sem se preocupar com nada. De maneira particular, vemo-nos incapazes de registrar que as outras pessoas, por mais distantes que estejam, têm direitos e desejos tão legítimos quanto os nossos. Com algumas exceções que incluem a China no período em que ela impôs ao seu florescente populacho a regra de apenas uma criança por casal, nenhum controle de natalidade jamais foi oficialmente praticado para tornar o imperativo categórico – ou seja, para restringir seu impulso reprodutivo – de fato imperativo. Embora tais motivações sejam externas, alguns países (e religiões) chegam a encorajar as pessoas a fabricarem criancinhas. Desse modo, sucumbimos novamente ao domínio do pessoal e do provinciano, influenciados mais pelos próximos do que pela fraternidade global e, assim, decidindo aumentar nossa família, ainda que isso leve as futuras crianças a guerrearem por recursos.

Tendo filhos | 147

Considerando, então, esse estreito horizonte do interesse pessoal, de onde vem o desejo de ter filhos? A resposta evolucionária para a reprodução poderia ser a conservação da espécie, mas isso também não passa no teste kantiano do exemplo: você não iria querer que todos fomentassem simultaneamente a espécie porque essa mesma espécie perderia, muito em breve, seus minguantes recursos. Ainda assim, não é difícil admitir que a ânsia por filhos pode envolver um "instinto" pelo qual o desejo de procriar o hipnotiza. Para piorar, temos o fato de que o caminho que conduz aos filhos passa pelo sexo, havendo quase certamente instintos, ou ao menos anseios, que conduzem a ele. No entanto, o apetite para o sexo está longe de ser igual à vontade de ter filhos: a libido está a serviço de um mestre mais urgente e impetuoso do que a figura que nos apresenta uma visão da família que está por vir.

Bem acima das motivações evolutivas e libidinosas, portanto, o desejo de ter filhos pode abranger também um elemento intrinsecamente sentimental, ainda que ele venha acompanhado de considerações econômicas que vão do "Como conseguiremos sustentá-los?" ao "Quanto tempo teremos de esperar para que trabalhem para a gente?". Nessa categoria sentimental, a mente se assemelha a uma casa e fica repleta de som de pezinhos, de risadas infantis, dos prazeres cotidianos da vida familiar. Sem dúvida, parte dessa sensação pode ser explicada em termos evolutivos – uma vez que o lado emotivo desse agente sexual trabalha a favor da espécie –, mas outras partes talvez sejam singulares. Ter uma visão idealizada do futuro, por exemplo, pode ser um pré-requisito para a tentativa de alcançá-lo, e, se o desejo de ter filhos exige que eles sejam concebidos antes pela mente, que assim seja. As crianças existem na imaginação antes de existirem na realidade. Na verdade, elas são o futuro mesmo – não há futuro sem filhos –, e desse modo a imagem da própria prole é mais poderosa do que, digamos, a visão da casa que você deseja comprar. Ficar sentimental diante da possibilidade de ter filhos é amar o futuro que eles encarnam.

Isso sem falar no amor pelas crianças em si. O filósofo Hegel, companheiro germânico de Kant, julgava cruciais essas emoções suscitadas pela vida familiar. O amor pelos próprios filhos no seio de uma família é bastante diferente dos outros tipos de amor: ele não é tempestuoso ou "romântico", tornando-se mais real e valioso exatamente por sustentar o amor no âmbito doméstico. Por acaso, Hegel acreditava que forças mais amplas, análogas à evolução, estavam em jogo, fazendo com que o amor familiar fosse instigado por um espírito maior, um espírito que precisava se inserir em pessoas reais e, assim, mitigar sua própria natureza abstrata. Um espírito que permanece espírito não é bom para ninguém; ele precisa dar ânimo a algo. Como se dissesse que a espécie manipula o indivíduo para que ele tenha filhos, Hegel achava que o espírito do mundo precisava se concretizar como amor e que a família poderia conservar muito bem esse mesmo espírito, transformando em crianças o sentimento existente entre o marido e a mulher.

De modo particular, Hegel afirma que "é apenas nas crianças que a unidade [do matrimônio] passa a existir externa, objetiva e explicitamente como unidade, uma vez que ambos amam os filhos como o próprio amor, como a corporificação de sua própria substância". Casais sem filhos poderiam protestar, mas Hegel está dizendo que, até que a parceria entre homem e mulher produza rebentos, o amor que eles sentem um pelo outro ainda não se concretizou. O filho é como um espelho da relação dos pais, refletindo uma completude que, sozinhos, o pai e a mãe não conseguiriam contemplar. Além disso, eles "amam os filhos como o próprio amor": o sentimento mesmo que os dois vivenciam abre agora um canal para a criança e a partir dela, formando, assim, um circuito amoroso em que o amor entre os pais não pode ser separado do amor que eles sentem pelo filho. A criança completa os pais, e, desse modo, os pequeninos servem para suplementar o vão que existe no amor matrimonial. De acordo com a perspectiva hegeliana, não ter filhos sinaliza uma lacuna na natureza amorosa do casal. Tê-los significa que o amor, característica do espírito do mundo, se concretiza por meio da família, que, por sua vez, completa os pais.

Por mais densa que pareça a sua teoria, o que Hegel menos sublinha é um motivo provavelmente mais profundo para se ter filhos. Por definição, os filhos vêm ao mundo depois de seus pais e são mais novos, o que significa que provavelmente viverão mais do que eles. Tragicamente, não há qualquer garantia de que os pais não enterrarão sua prole, mas, no que diz respeito às motivações, ao terem um filho, eles acreditam que uma vida humana perdurará depois de sua morte. Isso abre as portas para dois tipos de futuro. O primeiro é aquele em que a criança estará por conta própria; o segundo, um em que os pais são perpetuados tanto pelos genes quanto pela memória do filho sobrevivente. Ambos proporcionam grande satisfação. No primeiro, os pais empurram, por assim dizer, o filho adiante, observando-o de longe e esperando pelo melhor. Eles o instigam a fazer o máximo com sua vida. De fato, esse impulso por parte dos pais é quase uma ânsia pela própria vida, o desejo de que ela continue na figura do filho. A sensação de que há mais vida por vir torna os pais mais aptos a suportar a própria morte, que agora se torna um esvaecimento necessário para que tenha espaço uma vida que continua depois deles. Eles estão separados – e são separáveis – da criança como a parte do ônibus espacial que é alijada e que permite, assim, o acionamento ulterior do motor principal. Nessa perspectiva, ao sacrificar e excluir os pais de maneira deliberada e voluntária, o futuro pertence apenas à criança, cujo papel é basicamente abençoá-lo.

Em vez de excluir, o segundo tipo de futuro inclui os pais na vida da criança sobrevivente. Como os filhos advêm de seus responsáveis, sendo tão somente a combinação de sua mãe e de seu pai, eles necessariamente os carregam consigo, continuando a fazê-lo ainda muito depois de eles falecerem. Hoje, nós tratamos essa vida futura como a "herança genética" da criança, mas a linguagem científica pode obscurecer o fato, mais elementar e impressionante, de que os pais realmente continuam a viver por meio de sua prole, do mesmo modo como eles também representam a permanência vital de seus próprios responsáveis. De maneira um tanto bizarra, isso implica que as gerações não apenas sucedem umas as outras, mas também coexistem no presente. Estar vivo significa acomodar seus ancestrais na própria existência física. Dessa maneira, ter filhos prolonga uma cadeia orgânica e assegura uma espécie de imortalidade parental. Isso não é o mesmo que falar de um "legado" – não se trata, aqui, de objetos ou façanhas capazes de ser assinalados e que superam seus feitores; trata-se de uma extensão interna da vida do pai na criança. Do mesmo modo, isso não diz respeito a uma vaidade paterna, ao desejo de ver a própria imagem repetida geração após geração, como se uma fotocopiadora inexaurível pudesse ser colocada a serviço dos pais. O que acontece é algo mais primordial: é o desejo de que a essência da vida, o espírito animador dos pais, não se dissipe nem mesmo depois de seu inevitável fim; e, como em Hegel, esse espírito precisa assumir, mais uma vez, uma forma corporal.

Existe ainda um terceiro futuro. Afinal, é secundário o fato de a criança se recordar ou não dos pais; elas *são* essa memória, o que significa que a hospedagem de seus responsáveis não é uma coisa meramente física. O fato de a criança ser a memória de seus progenitores é algo tão essencial, que eles não precisam morrer para que isso se torne verdade. No momento em que vem ao mundo, o filho se torna a memória, o arquivo reunido, daqueles que o criaram. Por causa disso, poderíamos ampliar a fórmula de Hegel sobre a complementaridade que a criança leva ao amor dos pais; nós poderíamos dizer que a criança reflete para os pais não apenas esse amor, mas também o fato de que eles terão continuidade. Em seus filhos, como se a morte já tivesse ocorrido, os pais veem a memória de si próprios.

Obviamente, não são apenas os genes que são transmitidos. Ter filhos também equivale a sobrecarregar a prole com uma enorme quantidade de defeitos. Como afirma, de maneira tão resumida, Philip Larkin:

> Sua mãe e seu pai ferram com você.
> Podem até não querer, mas o fazem.

Tendo filhos | 151

A criança pode ou não ser uma lousa em branco, mas, seja ela lisa ou já cheia de marcas, só lhe resta acumular, do início da vida em diante, as inscrições psicológicas fornecidas por seus progenitores. Daí o delicado ato de equilíbrio muitas vezes exigido dos pais, presos entre a tentativa de não transmitir as próprias falhas e a tentativa de inculcar nos filhos o conjunto de valores que desenvolveram. Ter um filho marca um novo começo psicológico, e, nesse sentido, toda criança deve redimir seus pais ou, ao menos, dar-lhes a chance de fazer as coisas diferentemente, corrigindo assim os erros dos avós ignorantes que os ferraram em primeiro lugar.

Isso não quer dizer que tudo seja progresso. Esse peso da redenção pode se tornar opressivo: os filhos não existem para salvar os pais, ainda que, como em Hegel, eles possam completar o amor de ambos; além disso, na psicologia do desenvolvimento abundam textos que advertem os pais contra o uso dos filhos para a satisfação de suas próprias carências. Um pai carente restringe o crescimento emocional da criança ao sobrepujar suas preocupações rudimentares, exigindo atenção e, assim, distraindo o filho de seu intacto desenvolvimento. Nas palavras do psicanalista britânico John Bowlby, a "ligação" existente entre pai e filho se torna instável em virtude da ansiedade que nela interfere. Bowlby não expressa as coisas dessa forma, mas é justo que a criança seja egoísta porque, de outro modo, seu eu não se desenvolveria; assim, quando o pai é o egoísta da relação, o filho é forçado a abandonar seu inconsciente projeto de desenvolvimento emocional, isso sem falar na inadequada inversão de papéis. Desse modo, se os pais estão ferrados, cabe a eles resolver as coisas em particular, sem utilizar os filhos para atenuar os próprios problemas.

Essas ideias são retomadas e desenvolvidas por outros campos da psicanálise, os quais possuem suas próprias teorias acerca da necessidade de poupar os filhos da loucura dos pais. Em suma, o pai incorpora o superego, o policial psíquico que zela pelo ego do filho: ele regula os desejos da criança e, ao fazê-lo, mostra a ela que comportamentos são e não são socialmente aceitáveis. É essa domesticação da criança selvagem que dá origem a uma sociedade boa, a uma terra de adultos que por acaso aprenderam a *não* ser egoístas o tempo todo. No entanto, quando a regulação é exagerada e se torna demasiadamente severa, os pais não apenas suprimem e canalizam as ambições negligentes e egoístas da criança; eles também forçam o filho a reprimir os próprios desejos. Essas vontades reprimidas se acumulam e, de tempos em tempos, explodem, prejudicando o desempenho social da criança em vez de desenvolvê-lo. Por conseguinte, os pais não deveriam apenas dizer "Não faça isso", mas também "Aja dessa forma", ajudando a criança a encontrar outras válvulas de escape para suas energias. De acordo com essa perspectiva, ter filhos coloca os pais como guardiões não apenas dos pequeninos, mas também da sociedade que eles integrarão. Sua principal função é normalizar qualquer aberração em sua prole e, assim, produzir cidadãos cujo comportamento se conforme com o comportamento predominante.

Há até mesmo uma versão da psicanálise que vincula essa ideia do desejo reprimido à questão do conteúdo transmitido pelas gerações. Estou me referindo ao extraordinário trabalho de Nicolas Abraham e Maria Torok, psicanalistas húngaros do final do século XX. Eles afirmam que aquilo que é transmitido não é nada menos do que o próprio material reprimido, criando assim um fenômeno chamado de "assombração transgeracional". Quando os pais eram crianças, tinham responsáveis que os tratavam com rigidez e reprimiam seus desejos. Essas vontades acabaram por formar seu inconsciente, mas, em vez de explodirem ocasionalmente em surtos de mau comportamento, eles permanecem reprimidos e são comunicados, como segredos, para os próprios filhos – filhos que jamais tomam consciência de tais segredos, mas, ainda assim, parecem assombrados pela geração anterior. Esses segredos podem assumir várias formas, mas todos nós os carregamos em alguma medida. Para ilustrar isso, Abraham e Torok recorrem ao *Hamlet* de Shakespeare, afirmando que o que causa o comportamento sociopático do príncipe é o segredo que ele herda de seu pai – o fantasma – e não consegue assimilar adequadamente. Se, na tragédia de Shakespeare, o príncipe Hamlet é sobretudo um filho (a peça é chamada *Hamlet, príncipe da Dinamarca*), a tragicidade dela está no fato de esse filho assumir, por assim dizer, os pecados do pai, sem jamais saber que o fez ou quais são esses pecados. O príncipe, equivocadamente, atribui as transgressões à sua mãe e ao seu padrasto; ele chega ao ponto de suspeitar de uma trapaça, mas acha que ela está vindo de onde ela na verdade não vem. É seu pai quem tinha culpa, sendo Hamlet forçado a carregá-la inconscientemente consigo. Se o príncipe é assombrado, ele o é em virtude do enigmático segredo do pai, e não por causa de si mesmo. Eis, então, outro motivo para que você seja o menos bitolado possível ao ter filhos: mesmo sem ser decifrados, seus próprios segredos podem ser passados adiante.

Subjacente a todas essas considerações, está a questão de se as crianças apenas repetem a vida dos pais ou se elas a aprimoram substancialmente – uma questão que, por sua vez, tange ao problema histórico que é saber se o mundo está melhorando fundamentalmente ou se ele está fadado a reciclar, ou até mesmo inverter, a história. Isso é inverificável, claro, e psicologicamente ainda conduz a outra questão delicada para os pais: a de saber em que medida eles desejam que seus filhos de fato sigam os seus passos. Sim, o pai quer o melhor para a criança, desejando no mínimo que a qualidade de vida dela se equipare à sua; porém, será mesmo que ansiar por uma vida melhor para o seu filho permite que ele se torne uma pessoa diferente? A arte de educar os filhos sem dúvida envolve uma sutil alternância entre o segurar e o soltar, mas, e se o soltar fizer com que os pais tenham um filho que consideram exótico? Será que, no fundo, todos os pais não desejam criar versões aprimoradas de si – felizes, claro, mas fundamentalmente iguais?

Se assim for, temos o fato de que, apesar do necessário vínculo entre eles e o futuro, os filhos sempre evocam o passado – o passado ideal, isto é, a visão de uma época de inocência, de felicidade e de plenitude que antecedeu a ruína das coisas. O futuro maravilhoso que queremos para as nossas crianças é quase sempre a nova versão de um passado que jamais veio a se concretizar.

É como se, ao nascer uma criança, o relógio mitológico voltasse no tempo e pudéssemos começar tudo de novo. Apesar do desejo de ver os filhos prosperarem e crescerem, os pais tendem a apresentar um estado de espírito conservador, e não progressista; para nossos próprios filhos, sempre escolhemos a satisfação da tranquilidade em detrimento dos desafios da inovação.

Por outro lado, ter filhos equivale a retomar o futuro como algo que não está pronto, que ainda se encontra repleto de surpresas. Nesse caso, deixem-me terminar com um dos livros infantis mais famosos de todos os tempos: *A lagartinha comilona*. Como seu título sugere, o livro conta a história de uma lagarta que engole várias vezes o seu peso na forma não apenas de folhas e outros materiais orgânicos, mas também de sorvete e bolo. O que torna o livro tão bem-sucedido é, entre outros fatores, o fato de ele não apenas se destinar às crianças, mas também falar delas. Afinal, depois que a lagarta consome seu vasto cardápio de víveres e é acometida por uma grande dor de barriga, ela se transforma, sob a luz da lua, numa "bela borboleta", a cujo assombro é dedicada uma página dupla e simétrica. Para o público infantil, o livro traz a mensagem de que, apesar de toda a confusão e de toda a estranheza da infância, logo você superará esse início grosseiro e florescerá. Também você se tornará uma bela borboleta, uma criatura capaz não apenas de voar sozinha, mas também de brilhar como ninguém mais brilhou. Além, é claro, de ser necessário comer bem.

O livro também tem semelhante poder doutrinal para os pais. Ele lembra, antes de mais nada, que ter filhos coloca lagartas comilonas sob sua responsabilidade – isto é, bocas que precisam ser alimentadas, e, em geral, são vorazes. Como pai ou mãe, você precisará dar conta de seu insaciável e incessante apetite, existindo também a possibilidade de seus filhos comerem tudo o que virem em casa. No entanto, a comida também funciona como uma alegoria para o sustento emocional, com o livro aconselhando os pais a abastecerem seus filhos com todos os tipos de ingredientes – não apenas com coisas sérias, como frutas e verduras, mas também com frivolidades como aquele bolo. As crianças exigem uma dieta equilibrada, contendo o que é são e o que é louco, o que é prático e o que é imaginário, e cabe aos pais fornecer-lhes tudo isso. O prêmio final proporcionado por essa exorbitante necessidade que a criança tem de ser alimentada não apenas com alimentos, mas também com amor e com ideias, é um florescimento que toma a forma de sua própria beleza individual.

Do mesmo modo como existe o milagre do nascimento, o livro sugere a existência de um milagre do desenvolvimento no qual a pupa, a larva, a forma de vida inerte e amebiana que é o bebê humano, rapidamente se torna um ente tão encantador quanto uma mandala. O que é particularmente miraculoso é o fato de que, mesmo ao concretizar a energia que a lagarta carrega, a borboleta implica um ilimitado sentimento de magia, com sua beleza funcionando como símbolo de exploração e alegria infinitas. Sendo ao mesmo tempo um fenômeno natural e uma obra de arte, a borboleta informa aos pais que ter um filho significa ajudá-lo a se tornar a pessoa extraordinária em que, no dia de seu nascimento, você prometeu transformá-lo.

14
Mudando-se

VOCÊS OUVIRAM A história do homem que, ao descobrir que a maioria dos acidentes ocorre em casa, decidiu trocar de casa? Os piores acidentes domésticos provavelmente envolvem fogo, mas eles nem sempre são ruins. Rumi, grande místico sufi do século XIII, tem um poema em que vê sua casa em chamas e fica grato. Por quê? Daquele jeito, ele teria uma visão melhor da lua nascente. Além do agradável contraste estético entre a pequenez da Terra e a sublimidade do céu noturno, temos aí também uma mensagem óbvia acerca da superioridade dos valores espirituais em relação aos valores mundanos, da santidade em relação à moradia. Quanto nós chegamos, ou falhamos, desde Rumi! Hoje, a palavra "casa" se tornou sinônimo de "propriedade", sugerindo assim que, em vez de vê-la primeiro como um lar, nós cada vez mais a consideramos um importante objeto de posse, algo que não pode ser queimado de maneira alguma. De fato, a casa foi praticamente assimilada ao "capital", dado que, em algumas sociedades capitalistas, ela representa claramente o nosso valor e o nosso patrimônio líquido, o que, por sua vez, assinala o quão substanciais nós somos como indivíduos. Basta que você preencha o formulário de um plano de saúde – o qual coloca os proprietários acima dos inquilinos – para perceber como equiparamos a aquisição de uma casa à conquista de um valor não apenas econômico, mas também social. Subir a escada das propriedades significa ascender na hierarquia social e, aos poucos, fortalecer a própria reputação. Apesar dessa tendência para o alto, a forma como você decora seu novo alojamento costuma sempre remontar à classe social da qual você saiu. Ao menos, é isso o que pensa o sociólogo francês Pierre Bourdieu, para quem a escolha da decoração se torna "oportunidade de asseverar sua posição no espaço social". O icônico exemplo da classe trabalhadora britânica talvez seja os três patos de cerâmica pregados acima do consolo da lareira, posicionados equidistantemente como se voassem. A *intelligentsia* poderia desprezá-los por serem *kitsch*, mas seus proprietários talvez vejam neles uma reconfortante referência à vida pastoral inglesa, na qual essa própria sentimentalidade deve ser um traço do proletariado. O equivalente ao pato para os latifundiários da aristocracia talvez fosse, digamos, o retrato de uma caça a raposas feito a guache, ou o retrato de algum ancestral, ambos destinados a refletir o preeminente valor da herança. Para Bourdieu, esses artefatos servem mais para identificar a classe a que você pertence do que para sintetizar um juízo estético objetivo.

Pouco surpreende o fato de a mudança causar tanto nervosismo. Quando você testemunha o caminhão de mudanças sendo carregado, não são apenas os bens móveis que vão para dentro: aquele tapete negociado numa feira marroquina certamente tem algum valor sentimental para você, mas também comunica sua posição como um viajante urbano e confiante que saiu da burguesia instruída – aquele mesmo tipo de pessoa que zombaria dos patos ou até mesmo se apropriaria deles para adornar, astuciosamente, um novo apartamento. Então, quando um transeunte qualquer o vê colocando sua luminária Tizio atrás de um computador da Apple, ele confirmará a semiótica de suas tralhas. Sim, existe algo no fato de colocar todos os pertences na calçada que faz com que eles pareçam arbitrários – como se um palco estivesse sendo desmontado ao final da peça –, mas, mesmo assim, cada um deles diz alguma coisa sobre quem você é. Além disso, esses mesmos objetos viram você em seus momentos de maior autenticidade:

chorando de tristeza, dormindo, comendo aquele doce a mais, ligando para o chefe a fim de dizer que está "doente". Esses itens não apenas o representam; eles conhecem seus segredos. Existe, porém, uma diferença que precisa ser revelada. Trata-se da diferença entre essa parafernália portátil – sempre muito maior do que você achava ser – e a própria casa. Muitas línguas tornam isso óbvio ao classificar os bens como móveis e imóveis.

O que você carrega com você pode parecer menos alienável exatamente porque o acompanha por toda parte, mas o edifício imóvel terá literalmente abrigado suas memórias, e isso não se esvai com facilidade. Afinal, é basicamente no lar que criamos nossos filhos, entretemos os amigos e transamos; até mesmo as mortes e os nascimentos podem ocorrer nele. Nós deixamos essas marcas invisíveis na antiga casa, e, mesmo depois de termos descarregado nossos "móveis" no novo lar, ele continua sendo estranho, porque nossa história ainda precisa ser nele escrita.

Móvel ou não, a "propriedade" indica algo que é altamente pessoal, e a própria etimologia da palavra mostra isso. Capturada com maior fidelidade pelo francês *propre* – termo que, por sua vez, vem do latim e indica um bem íntimo –, a propriedade é aquilo que é próprio a si mesmo. É possível que isso se dê porque o senso de propriedade emana de uma época anterior àquela em que as pessoas se mudavam com tanta frequência, tornando natural a relação entre o lugar em que cada um morava e sua verdadeira essência. Do mesmo modo como o seu sobrenome o caracterizava como carroceiro, artista, ferreiro ou flecheiro, a casa projetava uma faceta do ser e servia como meio de identificação.

Essas ligações entre o lar e o eu foram desenvolvidas de maneira mais filosófica num ensaio de Martin Heiddeger chamado "Construir habitar pensar", título que vem propositalmente sem vírgulas a fim de sugerir uma continuidade isomórfica entre as três atividades. Vale a pena dizer que a própria Floresta Negra, local em que Heidegger habitou até 1976, ano de sua morte, passou a ter para ele grande significado. O fato de sua casa não se situar longe de Marburgo, onde ele crescera, significa que o filósofo viveu de acordo com o preceito que defendia: o de que a "humanidade" deveria permanecer próxima às suas origens mundanas. Embora fosse profundamente conservador, ele não afirmava isso apenas como uma posição conservadora automática, e sim porque sublinhava uma ligação necessária entre o próprio lar terreno do homem e a natureza mesma do Ser (com S maiúsculo). Enquanto os outros filósofos haviam abstraído – erroneamente, na opinião de Heidegger – conceitos como o de "ser", transformando-os em ideias suavemente universais ou técnicas, ele acreditava fortemente que não havia Ser que não estivesse enraizado no tempo e no espaço. E, de todos esses espaços, aquele que mais importa é o do lar, da moradia, pois é nele que naturalmente revelamos o que nos é mais fundamental: o nosso Ser. Desse modo, o provérbio "O lar é onde nosso coração se encontra" ganha ainda mais força, tendo como consequência o fato de que o exílio do lar equivale ao exílio do próprio ser. Mudar-se, em especial se isso equivaler a afastar-se do local de infância, pode comprometer a própria essência de algo.

Mais ou menos contemporâneos ao pensamento de Heidegger eram os *Heimatfilme* – ou "filmes da terra natal" – que se popularizaram na Alemanha da década de 1950. Em virtude dos acontecimentos da década anterior, não é surpreendente que esses filmes celebrem uma vizinhança rural agradável, isolada dos imperativos expansionistas dos tempos de guerra. O escopo deles é restrito, seu sentimento é de consolação, e, por trás de cada película, ouvimos o sussurro quase inaudível da domesticidade assinalada pelo termo *Heimat*. Esses filmes condensam uma época, certamente imaginária, em que as coisas não eram tão complexas, em que é suprimida qualquer chance de a vida cair nas garras da política ou de os camponeses serem explorados. O "lar", nesse caso, aponta para um espaço antitecnocrático e para um ambiente desadornado, destinado a relações cordiais e desinteressadas dentro e entre famílias que admitem poucas diferenças ou conflitos.

Eu mencionei anteriormente o conservadorismo de Heidegger, que por um breve período chegou até mesmo a apoiar os nazistas. Em sua teoria do lar – a qual oferece, por assim dizer, justificativas teóricas para a celebração mais instintiva da *Heimat* –, os críticos têm detectado menos uma filosofia racional do que uma nostalgia velada que se assemelha à dos filmes e carrega algumas mensagens preconceituosas sinistras. Como se tivesse desenvolvido uma hostilidade altamente sofisticada, o destaque que dá Heidegger à permanência nos arredores da terra natal mal consegue disfarçar seu ideal de pureza étnica e sua desconfiança de tudo aquilo que é estrangeiro. Superficialmente, a "terra natal" pode parecer-nos uma noção apenas natural, mas ela é extremamente histórica: quando as pessoas constroem suas casas no território em que nasceram e quando seus descendentes as imitam, o local acaba assumindo, com o tempo, as características de seus habitantes, que então procuram defender a região como se ela lhes pertencesse por direito. Do mesmo modo, trocar de casa é algo que acaba sendo associado à transitoriedade e aos transitórios, donos de um desarraigamento que deve ser temido ou – no pior dos casos – difamado. Existe algo de desconcertante nas pessoas que se mudam demais; e, se as empresas de seguros gostam daqueles que possuem imóveis, as agências de classificação de crédito simplesmente amam aqueles que se aquietam num lugar só.

Opondo-se a esse conservadorismo, encontramos uma tradição alternativa que adota uma visão mais cética do lar. Deixemos de lado o fato empírico de que a Alemanha, a Grã-Bretanha, os Estados Unidos e muitos outros países chamados de "terra natal" abrigam povos que, longe de serem indígenas ou nativos, são o resultado de séculos e mais séculos de miscigenação – afinal, a não ser para o mais nativo dos nativos, um "lar" puro e indiviso não passa de uma fantasia. Em vez disso, tomemos o pensamento do filósofo francês Emmanuel Levinas, uma espécie de sucessor de Heidegger, que não apenas sofreu grande influência de seu pensamento, mas também deixou-se inquietar por ele. Em poucas palavras, a ênfase nostálgica dada ao lar, à uniformidade e à concomitante desconfiança do estrangeiro se opõe fortemente àquilo que Levinas mais preza: a necessidade de acolhermos bem o outro. Como o lar prontamente estimula o seu dono a assumir uma postura defensiva ("a casa de cada homem é seu castelo"), podendo assim levá-lo tanto à hostilidade quanto à hospitalidade, é muito provável que o outro se sinta repelido; no que diz respeito à ética, portanto, é melhor que nos privemos do sedutor conceito de terra natal. Nesse sentido, mudar de casa jamais deveria ser algo oneroso: nós deveríamos viver levianamente sobre a terra. Vêm daí as consequências do pensamento de Levinas para o sionismo. Será sempre controverso afirmar que os judeus não devem ter uma terra natal, dado que eles sofreram inúmeros deslocamentos forçados e outras coisas ainda piores – e de fato Levinas não diz algo tão grosseiro. De todo modo, o espírito doméstico que envolve o sionismo poderia ser motivo de desconfiança. Por que ele não culminaria numa atitude defensiva e numa xenofobia que reproduz exatamente aquilo de que eles um dia fugiram? Não se trata apenas de Israel; é a fundação de qualquer Estado que se considere uma fortaleza que possibilita a produção da violência – um Estado palestino estaria igualmente inclinado a esse comportamento. Uma sensação de pertencimento exagerada carrega consigo uma necessidade de exclusão igualmente exagerada. Com a terra vem a unidade e, com a unidade, as fronteiras que definem o eu como algo diferente, impenetrável e, no pior dos casos, expressamente agressivo em relação aos outros.

No que diz respeito a Sião e ao elo, mais amplo, entre os territórios e construções que se concentram ao redor da sede espiritual que é Jerusalém – lar espiritual de cristãos, judeus e muçulmanos –, talvez seja da teóloga cristã Margaret Barker a pesquisa recente mais interessante. Ela afirma que não é apenas a noção do eu – um eu que se opõe a um outro – que depende de um local específico, mas religiões inteiras. A exemplo das pessoas, as religiões também necessitam de um lar, sendo muitas vezes obrigadas a se mudar contra a sua vontade. Isso levanta a questão da diferença entre o lar espiritual e o lar verdadeiro. Ninguém pode de fato habitar num templo, independentemente do ardor de sua devoção.

No entanto, é possível passar bastante tempo cuidando do "espírito" da própria casa, de sua atmosfera e sua domesticidade. Isso não será igual ao espírito religioso, mas talvez demarque um meio-termo entre seu próprio endereço residencial e seu lugar de devoção preferido. Enquanto isso, esse local de culto pode exercer uma força gravitacional capaz de fazer com que as pessoas se sintam "em casa" de um modo que de fato depende, como disse Heidegger, do local em que ele se encontra, mas que também proporciona uma plataforma de comunhão com o céu.

Para Barker, o templo original em Jerusalém, destruído e reconstruído em seguida, servia, claro, como local de prática religiosa, mas também determinava como a própria doutrina religiosa deveria se comportar. Se Jerusalém é um lar para milhões de pessoas, é porque a arquitetura física do templo fornece um modelo para a fé. Ele contém, de maneira mais específica, o "santo dos santos", um aposento interior a partir do qual a construção se expande adiante. O acesso a esse santuário sagrado não poderia ser mais restrito, e daí, ao menos no cristianismo, a necessidade de uma força mediadora. Isso nos conduz ao conceito de ninguém menos do que Jesus Cristo, que age como o "sumo sacerdote" e, intercedendo junto ao Todo-poderoso, assume seu posto no santo dos santos e conduz a multidão devota que o circunda.

Em termos mais triviais, a arquitetura do local em que residimos não exerce uma influência apenas secundária sobre o nosso bem-estar; ela é mais do que uma estrutura vazia que possibilita uma realização espiritual que pode ou não vir de dentro. O *design* também pode ser crucial. Sim, nós interpretamos o "lar" como um estado emocional ou até espiritual, mas não podemos deixar que isso diminua o papel da arquitetura do edifício. É claro que, ao nos mudarmos, nós buscamos características como mais iluminação, um espaço maior e um projeto melhor, mas existe também uma forma mais ampla pela qual a arquitetura influencia esse sentimento domiciliar profundo e agradável. Em outras palavras, é até possível separar as noções de casa e de lar, mas elas acabarão se unindo mais cedo ou mais tarde.

Em virtude desse vínculo, a pergunta que nos resta é: como deve ser o lar? Ele não deveria refletir a personalidade de seus ocupantes, de modo a fazê-los se sentirem mais em casa? Se o lar diz respeito à familiaridade, nosso recanto não deveria se parecer conosco? Nós nos acostumamos à ideia de que é possível conhecer alguém apenas ao examinar a sua casa – daí aquela atitude de decifrar o que o caminhão de mudanças de seu novo vizinho carrega –, e, durante a infância, acabamos por desenhar casas que funcionam como metonímia para as famílias que as habitam. Para que seja acolhedora, a casa precisa ser humana ou, pelo menos, receptiva a nós que a antropomorfizamos, fato que é confirmado precisamente por aqueles desenhos infantis em que a própria casa constitui um "rosto" precário, tendo as janelas como olhos, a porta como nariz ou boca e o telhado como chapéu. O caráter acolhedor da casa padrão está fundamentado no fato de ela ter uma fachada que conseguimos reconhecer e à qual respondemos com familiaridade e ternura, como se estivéssemos vendo, nela, a nós mesmos.

Embora os desenhos infantis permaneçam inalterados e muitos construtores continuem a erguer habitações simples e de baixo risco, hoje a casa padrão talvez fosse ainda mais comum se as suas construções não tivessem sido interrompidas, no século XX, por arquitetos como Le Corbusier, adeptos da reformulação dos projetos domésticos e de muitos outros. Para Le Corbusier, a casa não poderia ser algo mais distante da *Heimat*, esse recanto popular destinado à autoafirmação; em seu lugar, ele propôs a ideia da "máquina de morar". A domesticidade poderia muito bem florescer em determinado momento, mas também poderia esconder o fato de que o lar deve, antes de mais nada, servir a um objetivo. Se comparado com o "habitar" de Heidegger, o "morar" de Le Corbusier era algo muito mais funcional, definindo o humano não em função de seu "Ser" passivo e autóctone, e sim da necessidade ativa de desempenhar certas tarefas, como a de comer ou a de lavar roupa suja. Sendo uniformemente brancas e feitas sobretudo de concreto, e não de tijolo ou madeira, essas caixas flutuantes e modernas traziam uma seriedade elegante à vida doméstica, ainda que cortassem pela raiz a ideia de "lar". Os materiais utilizados muitas vezes não tinham nenhuma relação orgânica com os locais da construção, sendo impostos a eles e conferindo um ar internacional, e não local. Isso insinuava que trocar uma casa por outra poderia ser algo muito mais fácil. Além disso, as linhas puras e a iluminação hostil dessas casas pediam tanto mobílias frias e funcionais quanto um interior em plano aberto, excluindo implicitamente as bugigangas que se acumulam numa casa convencional e, com elas, também a história pessoal e o acolhimento que esses objetos triviais evocam.

De fato, Le Corbusier procurou eliminar o "rosto" dessas construções – isto é, remover da casa a sua fachada antropomórfica –, mas isso não em virtude de uma espécie de anti-humanismo vigoroso. Em vez disso, seu ponto de partida foi o fato de as casas tradicionais terem paredes destinadas à sustentação, permitindo apenas um número reduzido de janelas e, assim, limitando a transferência de luz do exterior para o interior. A escuridão dos lares vitorianos poderia torná-los tanto cômodos quanto depressivos, ao passo que a luz – associada, na época de Le Corbusier, à mitigação da tuberculose em particular e à saúde como um todo – poderia de fato melhorar a qualidade de vida do morador. No entanto, para liberar as paredes externas seria necessário um pensamento – literalmente – lateral. Le Corbusier propôs a construção de pilares internos capazes de suportar o peso da casa e de erguê-la do chão. Além das janelas horizontais, que assumiam o tamanho de uma parede inteira e dos pilares que as tornavam possíveis, ele também defendeu a presença de um pavimento térreo vazio e sem paredes, sobre o qual todo o edifício pairaria e que expressaria, assim, outro tipo de leveza.

Juntas, todas essas inovações culminaram na construção de casas particulares que, embora parecessem banais a alguns, para muitos incorporavam um novo modelo de beleza e um ideal doméstico radical. Esse novo conceito poderia parecer frio, mas o elevado uso do vidro permitia uma ligação maior, e não mais distante, com os arredores: de dentro, seria possível ver os campos ou as árvores; de fora, seus olhos seriam carregados para o interior ao longo de uma linha de visão ininterrupta. Essa dissolução da fronteira entre o interior e o exterior poderia levar seus moradores a se sentirem mais expostos, mas ao menos os ancoraria no local e, assim, (pré-)fabricaria um modelo de pertencimento heideggeriano verdadeiramente moderno, apesar dos diferentes pontos de partida desses dois homens.

Contudo, saindo tanto de uma caixa modernista quanto de uma casinha de sapê, a experiência de se mudar de um lugar para outro é quase sempre estressante, o que muitas vezes não acontece por causa do valor estético das construções envolvidas. Se, no medidor de estresse, a mudança frequentemente se equipara ao nascimento, à morte e ao casamento, isso provavelmente acontece porque existem muitas preocupações em jogo. Não temos apenas o caráter físico do empacotamento, a expedição de todas as coisas e o risco de quebrá-las, mas também as preocupações com o dinheiro envolvido, as nuances burocráticas, as exigências legais, a personalidade do corretor de imóveis etc. O pior de tudo, porém, talvez seja a incerteza, já que se mudar geralmente equivale a partir para um local novo e não explorado, o que faz com que todo o empreendimento seja algo mais especulativo do que o desejado. Você só saberá como a casa é quando de fato estiver nela; e, a não ser que tenha a sorte de viver lá apenas para testá-la, só será possível habitá-la quando da mudança. Nesse aspecto, mudar-se é como todos os outros marcos: você só o conhece quando o vivencia; no entanto, há também o fato de a maioria das casas em que viveremos já ter sido ocupada por outra pessoa, ao passo que, ao aprendermos a falar, por exemplo, ninguém jamais terá falado em nosso corpo. Trocar de casa em geral equivale a mudar-se para um lugar que, na mesma manhã, era o lar de outra pessoa.

Obviamente, quando estamos para nos mudar, não é com os donos anteriores que nos preocupamos, e sim com o que vamos fazer com a casa nova. A sensação de haver projetos e possibilidades é arrebatadora, e, nas semanas que antecedem a mudança, nós ficamos na cama pensando nas cores com que pintaremos cada cômodo, onde colocaremos os pertences diferentes – mas de alguma forma complementares – que acumulamos com o tempo. A tela pode não estar completamente branca – no sentido de que todas as propriedades impõem suas limitações e de que você só pode gastar uma quantia específica –, mas ainda assim a mudança proporciona algo de excepcional: um lugar em que é possível viver e por meio do qual se torna possível expressar-se. Como se adentrasse uma pintura, você passa a viver num ambiente que você mesmo criou.

Ainda assim, nós geralmente somos apenas um dos vários ocupantes de determinada casa, e os donos anteriores, intencionalmente ou não, acabam por impedir que dominemos o lugar por completo. O próprio fato de eles terem estado lá antes lhes dá uma espécie de prioridade sobre a casa, e pode demorar um pouco até que o lugar pareça mesmo seu. A mudança se resume basicamente a retirar as suas coisas de determinada propriedade e a deixar limpa, mas há também um aspecto simbólico e emocional relacionado aos outros tipos de bagagem que o proprietário anterior deixou. Na melhor das hipóteses, esses antigos ocupantes terão vivido uma vida inteira em sua nova casa, o que significa que levará tempo até que a sombra deles se extinga. Talvez o que aconteça seja uma equação parecida com aquela que ocorre numa demissão temporária: cada ano que você viveu em determinada casa aumenta em um mês o tempo necessário para que, depois de sua partida, sua presença se dissipe por completo. Os novos donos são incapazes de tomar posse da nova casa durante esse período de quarentena, e a reação levemente nervosa, demonstrada, nas primeiras noites, diante dos estranhos ruídos da casa, mostra muito bem a ilegitimidade de sua presença ali.

Além disso, temos também as assombrações "verdadeiras". O "verdadeiras" pode ser motivo de controvérsias, claro: ainda que muitas pessoas jurem ter visto um fantasma – do mesmo modo como muitas juraram ter visto o monstro do lago Ness –, ainda precisamos de evidências claras para crer em casas mal-assombradas. Estejam elas provadas ou não, pode ainda assim haver uma versão negativa do sentimento de domesticidade – uma "indomesticidade", a sensação de ser amedrontado em algum local, principalmente na casa estranha em que você acabou de se instalar. Falando novamente na Alemanha, seus habitantes possuem um termo que indica exatamente isso: *unheimlich*, palavra que é traduzida como "inquietante". Exatamente por ter acomodado tantas vidas, cada casa é potencialmente inquietante: a vida daqueles que lá viveram pode simplesmente voltar à vida. Em nosso próprio lar, local da familiaridade, há espaço para a maior das estranhezas. Isso acontece porque é difícil haver algo tão estranho quanto as pessoas que estiveram lá antes de você; elas são ainda mais estranhas do que os "estranhos" que você jamais conheceu e vivem em outro lugar, dado que deixam para trás um rastro inescrutável e a leve sugestão de ainda terem direito sobre o terreno que você passou a possuir no mundo objetivo. Ao nos mudarmos, carregamos sempre a preocupação latente de que estamos interrompendo o legado de alguém e ressuscitando fantasmas que, de outro modo, estariam descansando em paz.

15

Atravessando uma crise de meia-idade

O SIMPLES FATO DE este ser o décimo quinto capítulo de um total de dezenove diz muito sobre o seu tema. Como podemos ver no Sumário, os marcos da vida tendem a se localizar em nossos primeiros anos de existência, concentrando-se sobretudo em seu terço inicial. Isso sugere que a crise de meia-idade pode ser uma resposta à falta de novidades. Ao alcançar seus 45 anos, por exemplo, você muito provavelmente já terá feito, ao menos uma vez, tudo aquilo que há de importante. Com exceção do fim da vida, pouco mais pode ser almejado.

Portanto, a crise da meia-idade talvez seja uma ingênua tentativa de fazer com que algo aconteça no meio dessa imobilidade toda. Sim, ela também envolve a resistência ao envelhecimento e a sua negação, mas envelhecer não exigiria resistência ou negação se prometesse o nível de emoção e de mudanças vivenciado durante a juventude. A crise de meia-idade deseja, no mínimo, evitar que a vida futura se torne aquilo que ela tende a ser: algo lamentavelmente previsível. Isso poderia explicar por que a crise – o ato de comprar um Porsche, de fugir com alguém que tem a metade da sua idade, de começar uma fazenda – pode assumir formas tão diferentes.

O surgimento da crise é, na verdade, um sintoma dos tempos modernos. Embora sempre tenha sido possível dividir a vida ao meio, a possibilidade de viver muito após a geração de filhos e da aposentadoria é algo relativamente novo, independentemente de sua expectativa de vida. Na Idade Média, você não se daria ao luxo de ter uma crise de meia-idade: a morte bateria à sua porta quando chegasse aos quarenta. Hoje, porém, se vivermos até os cem e trabalharmos até os sessenta, 40% de nossa vida não terá uma forma facilmente definida ou culturalmente determinada. Desse modo, a exemplo dos construtores que levantam asilos de idosos mas se recusam a erigir lojas ou cinemas para complementá-los, a ciência e a tecnologia conseguiram prolongar nossa estada na terra sem fornecer pontos de interesse capazes de diverti-la. Cronologicamente, a crise ocorrida na "meia-idade" pode ser precisa; entretanto, em termos psicológicos, assinala não um momento entre dois períodos iguais, mas uma falta de assimetria radical entre quase tudo o que há no primeiro período e os paupérrimos destaques do segundo. De qualquer forma, a relativa falta de acontecimentos no período tardio da vida deve fazer com que a morte pareça mais próxima.

Vale a pena distinguir, porém, a crise em si de sua reação a ela. Nós, em geral, usamos um tom jocoso ao dizer a expressão "crise de meia-idade", mas essa crise pode, na verdade, ser uma resposta a algo bem menos risível, isto é, à progressiva inquietação ou à falta de autoestima que, durante a meia-idade, ameaçam se unir numa poça de imobilidade. Esse comportamento deveria ser compreendido como o sintoma de uma doença relativamente grave, da qual o Porsche é tão somente um sinal externo. E, se os exemplos que temos são predominantemente masculinos, eles encontram na lipoaspiração e no recrutamento de garotões os seus equivalentes femininos, também destinados a ressuscitar uma vida triunfante. Na verdade, os estereótipos de gênero mal se esvaem com o tempo – é possível que até se intensifiquem –, e, desse modo, os homens de meia-idade tentam voltar a ser pegadores, e as mulheres, gatinhas. Ainda assim, o que une ambos os gêneros é a nostalgia, pois é precisamente ela o que fornece a cura para a presença expansiva dessa enfermidade.

Por acaso, a "algia" da palavra "nostalgia" significa "dor", o que define esse sentimento como uma experiência mais desagradável do que prazerosa. Isso difere notoriamente da compreensão moderna da nostalgia, que a encara como uma indulgência a lembranças lodosas e remete à *Odisseia* de Homero, cujo herói anseia por retornar aos braços de sua amada Penélope em Ítaca; quanto mais ele tem de esperar, mais dolorosa fica a situação. Assim, embora a crise de meia-idade possa vir acompanhada de imagens do passado que consolam o sentimento de nostalgia, o que faz dela uma crise propriamente dita é o fato de, nessas imagens, se esconder algo doloroso. Na verdade, existe nela o confronto entre um eu mais velho e um eu mais novo, o primeiro se desculpando com o segundo e implorando por uma nova chance.

Como sempre, a melhor cura é a prevenção, e nesse aspecto podemos encontrar alguma ajuda em Nietzsche. Como ele passou seus últimos anos num asilo para lunáticos, seu conselho sobre a melhor forma de viver a vida pode não parecer o mais indicado, mas, antes de enlouquecer, ele publicou ideias extraordinárias sobre como evitar a autocensura que se tornou tão típica da crise de meia-idade. O "eu" é a chave. Um dos aspectos mais importantes dessa crise é o fato de ela envolver a autorreflexão. A meia-idade praticamente exige uma auditoria pessoal, um inventário de todas as suas vitórias e derrotas; e, para aqueles despreparados para esse tipo de introspecção, o mero fato de olhar para dentro de si pode fazer a crise vir à tona. Lá onde seus olhos se fixavam sobre os acontecimentos externos da vida, dobram agora os sinos interiores, os quais o instigam a examinar o que ainda não foi examinado. Isso pode trazer surpresas desagradáveis, como a descoberta de que você provavelmente nunca será tão vigoroso quanto antes e de que alguns relacionamentos definharam de maneira irrecuperável. O que Nietzsche quer dizer, porém, é que você pode iniciar a autorreflexão com antecedência, impedindo assim a grande catástrofe da meia-idade.

Não foi por acaso que a própria autorreflexão de Nietzsche coincidiu com seu aniversário de 45 anos. Chamado de *Ecce homo*, esse texto autobiográfico exala um desenfreado louvor próprio. O título, que remete ao "Eis o homem!" dito por Jesus

Cristo quando de sua crucificação, serve como a primeira dica: Nietzsche deseja comparar-se ao Messias cristão. Seria possível afirmar que essa megalomania nada mais é do que um dos sinais mais evidentes da crise da meia-idade, mas Nietzsche diria que é exatamente a glorificação do eu que o cristianismo busca suprimir. Enquanto o próprio Cristo se torna objeto de louvor, nós somos convidados à humilhação – sendo esse o complemento necessário ao fato de ele se tornar um ser tão sublime e nós, tão pequenos. Vá a uma igreja tradicional e você verá a cruz erguida sobre o altar e a cabeça dos fiéis inclinada devotamente. Em algumas cerimônias, o padre se deita no chão, a fim de humilhar-se. Segundo Nietzsche, o cristianismo pratica uma ideologia sinistra, destinada a escravizar-nos em nome da humildade. De fato, a moral cristã tem como principal objetivo uma castração psicológica que impõe a nós mesmos a nossa falta de valor e, depois, a redefine como virtude. É bom ser humilde, diz o cristianismo. Nietzsche, porém, responde: a humildade só serve para nos enfraquecer e para possibilitar que a Igreja, com toda a sua pompa, se beneficie.

Essa supressão do eu sugere, por sua vez, que é a "humanidade", e não Cristo, o que abriga o verdadeiro potencial para feitos extraordinários, o que indica o caminho para escapar da crise da meia-idade. Se nos livrássemos dos padrões da moralidade e do cristianismo, apela Nietzsche, chegaríamos até mesmo a nos ver como deuses – embora não à maneira cristã, claro. O segredo é transformar a passividade religiosa numa atividade secular, e isso é feito quando asseveramos nossa própria vontade e nos recusamos a deixar que coisas como a hipoteca, o casamento e o trabalho nos desgastem. Afinal, esses grilhões cotidianos pouco diferem dos grilhões morais: em ambos os casos, acabamos vivendo uma existência muito pequena. Ao exercermos a própria vontade, porém, podemos nos libertar; podemos até mesmo soltar o "Anticristo" que temos em nosso interior, o herói enrustido que todos nós somos e que agora não mais se limita pela insensata doutrina da humildade e pelo estupor religioso.

Mas o que seria essa "vontade" capaz de dinamitar o caminho que culmina na crise da meia-idade? Mais uma vez, o eu se encontra no coração, sendo o resoluto intento de postular a si mesmo ou de "individuar-se". Isso exige, por exemplo, que se esteja cansado de pertencer a qualquer grupo, uma vez que os grupos facilmente se tornam um rebanho de ovelhas que seguem umas as outras em silêncio. O eu deve, em vez disso, se dissolver numa só unidade e optar por fazer o próprio destino. Contudo, não é possível simplesmente começar a individuar-se. É preciso primeiro acreditar, contra uma parte da teologia cristã, que o mundo não foi predeterminado e que há muito espaço no futuro para que você o molde de acordo com o seu ponto de vista. Esse mesmo mundo precisa ser compreendido como algo que se encontra radicalmente aberto, que não tem a capacidade – frequentemente atribuída a ele – de resistir à sua vontade, de impedir e inibir o seu progresso. Só aí é que incorreremos em nossa liberdade expansiva.

Quão distante esse ideal nietzscheano não está da típica crise de meia-idade, que, na melhor das hipóteses, não passa de uma paródia dessas tentativas de autossuperação! Ao comprar uma guitarra, aquele barrigudo de quarenta anos pode muito bem estar vendo a si mesmo como um deus do rock que ainda deve ser admirado, mas essas posturas tardias de redenção pessoal pertencem perfeitamente a um protótipo – não há nada de individual nelas. Assim como na adolescência ele tinha o estilo mas não tinha o dinheiro, ele agora tem a grana necessária para comprar uma Gibson top de linha, mas perdeu todo o estilo e, com ele, aquilo que o diferenciava. Uma crise propriamente nietzscheana exigiria que suas aspirações se tornassem menos genéricas, e não mais. Na medida em que prepara o eu para esse momento de ruptura, a "crise" da meia-idade tradicional pode ser muito boa, mas também pode ser muito ruim se não passar de um prelúdio para a regressão. O problema está no crescimento.

Contudo, se o crescimento é tão importante, por que não o retirar, se não da religião em si, ao menos da esfera da alma? Enquanto a pior crise de meia-idade o leva a arrancar as coisas de sua juventude e a inseri-las em sua atual realidade etária como se fosse um transplante de cabelo, a melhor delas o faz perceber que é impossível repeti-las ou replicá-las. De fato, ao mesmo tempo em que a crise pode ser inquietante, ela também pode conduzir ao maduro reconhecimento de que os valores que até então lhe haviam servido não servirão mais no futuro. Se os seus primeiros vinte anos foram dominados pela mudança biológica, pela educação e pelas expedições românticas, e se os vinte anos seguintes lhe impuseram a necessidade de estabelecer-se no mundo, a crise de meia-idade tem a virtude de possuir esse mesmo mundo ao alcance das mãos e de questionar suas expectativas e exigências.

Como um afastamento da vida, e não uma imersão nela, a crise de meia-idade difere de marcos como a realização de provas ou a obtenção de um emprego, uma vez que ela o encoraja a resistir ao próprio caminho em que esses marcos se encontram. Eu realmente desejo continuar com essa rotina destrutiva? Ser promovido é tão importante assim? A cidade seria mesmo melhor do que o interior? E assim por diante. Somente ao afastá-lo de seu contexto, será realizada parte do descongelamento da alma necessário para um possível movimento.

Esse despertar da alma na meia-idade encontra seu exemplo mais famoso na *Divina comédia* de Dante, poema italiano do início do século XIV que assim começa:

No meio do caminho em nossa vida,
eu me encontrei por uma selva escura
Porque a direta via era perdida.

O cenário não poderia ser mais simples, mas contém uma riqueza extraordinária e diz muito sobre a dimensão espiritual da crise de meia-idade. Uma vez assentado – depois de haver comprado uma casa, se casado, tido filhos, encontrado um trabalho normal ou mesmo tudo isso –, você se torna refém do hábito. É a rotina que passa a guiá-lo sem que você precise pensar em nada. Além disso, a falta de mudanças que caracteriza essa rotina vem acompanhada de menos sinais capazes de demarcar a distância percorrida, e assim o tempo parece correr mais rápido. Juntas, essas condições tornam muito provável que você não apenas sonambule numa direção involuntária, mas também o faça numa velocidade cada vez maior... até chegar a uma selva escura.

Dos mitos gregos aos contos de fadas germânicos, passando também pela Arden de Shakespeare, as florestas têm sido associadas à confusão e à vulnerabilidade que as acompanham. No capítulo sobre o início da vida escolar, eu mencionei seu potencial para a selvageria. Enquanto na cidade reinam a razão, a ordem e a luz, na floresta, tudo se esvai numa penumbra impenetrável, na qual é possível perder, se não a sua vida, ao menos seu dinheiro, sua virtuosidade, sua mente ou sua alma. De todos esses, é à última que se referem os versos de Dante. Essa alusão possui um objetivo especial: aquelas árvores recordam visualmente as colunas de uma igreja, e o poema como um todo encontrará seu clímax na imagem da luz divina que atravessa uma rosácea. Portanto, embora a floresta cresça em escuridão e perigos, ela também assinala a possibilidade da iluminação, da segurança e até mesmo do arrebatamento. Por ora, porém, essa jornada vê a escuridão prevalecer sob uma atmosfera que pertence tanto à mente interior do viajante quanto ao mundo exterior da floresta.

Felizmente, um novo tipo de consciência desponta. Se antes você sonambulava pela vida, agora é despertado à força. O que você vê ao acordar pode ser deplorável, mas ao menos é reconhecível e, por isso, permite que alguma atitude seja tomada. Se o passeio pela floresta tivesse demorado mais, a saída talvez nunca viesse a ser encontrada, o desvio talvez fosse muito grande para ser corrigido. Portanto, a "via reta", muito mais promissora, deve existir em algum lugar. Por ora, não se sabe onde ela está, mas o que torna a crise de meia-idade uma crise, e não uma tragédia, é o fato de que o caminho pode ser redescoberto. O italiano de Dante nos fala da *diritta via*, o que também poderia ser traduzido como a via certa ou a via direta, ambas ainda com conotações religiosas. Ao mesmo tempo em que *via* desfrutava de uma existência perfeitamente literal como caminho – a exemplo da Via Appia, antiga estrada que saía de Roma e que Dante provavelmente conhecia –, ela também desfrutava, na teologia da época, de um significado metafórico especial, representando a estrada que conduz a Deus. A *via* era uma forma de vida e, por isso, um caminho mais propício à união com o divino. É muito fácil ser surpreendido na floresta da incerteza humana, mas não é impossível retornar a uma via que o conduz implicitamente para além da humanidade e na direção daquela luz refulgente.

Em Dante, a floresta simboliza a distorção espiritual, ao passo que, no mundo moderno, a saída da cidade pode ter tanto a floresta quanto o interior como destino – e isso exatamente porque é a cidade que está repleta daquelas infestações consumistas tão nocivas à saúde do espírito. Vejamos só o *Walden*, de Henry Thoreau, publicado nos Estados Unidos dos anos 1850. Com o subtítulo *A vida nos bosques*, o livro registra tanto a crise de meia-idade do próprio Thoreau quanto sua tentativa de viver longe da cidade. Celebrando o ideal do retorno à natureza, *Walden* muitas vezes funde, correta ou erroneamente, esse mesmo retorno com a retomada do caminho espiritual do indivíduo. Seja a floresta boa, como em Thoreau, seja ela ruim, como em Dante, o que importa é que a crise de meia-idade estimula a exumação do verdadeiro eu, outrora enterrado pelas pressões da vida cotidiana. Esse verdadeiro eu sempre ocupará, na cadeira espiritual do ser, uma posição mais alta do que o eu público e exterior que, como uma casca, construímos ao redor dele.

Todo esse papo sobre a alma, porém, parece indulgente se lembrarmos que as principais manifestações da crise da meia-idade se concentram no corpo. Ao mesmo tempo que soa plausível o fato de envelhecermos num ritmo constante, esse processo parece se mover em passos. O primeiro fio de cabelo branco é apenas o primeiro fio de cabelo branco, e não uma colorização gradual. Além disso, o processo não afeta os homens e as mulheres da mesma forma. É bem verdade que a expressão "crise de meia-idade" evoca sobretudo a imagem de homens incapacitados, e não de mulheres desafortunadas; no entanto, isso não significa que a versão feminina da crise careça de especificidade. Pelo contrário. Visto como "a mudança", esse reajuste por que passam as mulheres de meia-idade possui, ao menos segundo a obra de Germaine Greer, propriedades peculiares que ainda somos culturalmente incapazes de reconhecer.

Isso acontece porque existem ao menos dois tabus acerca da mulher que enfrenta a meia-idade e já passou pela menopausa: a própria meia-idade e a própria menopausa. Ao menos na cultura ocidental, o homem não precisa envelhecer graciosamente para que suas costeletas grisalhas sejam vistas como "distintas". Ainda que não esteja nem aí, ele será avaliado mais pelas suas conquistas mundanas do que por sua aparência física, e essas façanhas geralmente superam a incorrigível flacidez e o incorrigível definhamento de seu corpo. As mulheres, por sua vez, culturalmente obrigadas a se preocupar primeiro com a beleza, muitas vezes veem sua reputação definhar diante dos primeiros sinais de comprometimento corporal. A idade age mais contra as mulheres, que, segundo a análise de Germaine Greer, acabam cobertas por uma invisibilidade disseminada. O outro lado da fixação que os homens e as mulheres nutrem por corpos femininos jovens e atraentes é o desprezo quase completo pelas mulheres que saíram do chamado apogeu.

A menopausa também não ajuda. Assim como a sociedade decreta que as mulheres têm de ser jovens, elas também precisam ser férteis. Mais uma vez, os homens estão em vantagem, dado que nunca perdem a capacidade de procriar. A crise de meia-idade pode lançar sobre ele o estranho fardo da impotência sexual, mas, se comparada com a perda de fecundidade da mulher, isso talvez não pareça tão drástico. A fertilidade pode ser amplamente associada à saúde e à abundância, enquanto a "menopausa" suscita uma sensação melancólica e grave. Sim, nós podemos zombar da menopausa e de suas ondas de calor, e esse humor de fato acaba mitigando a ansiedade que elas suscitam; contudo, e ainda segundo a perspectiva de Greer, a existência física da menopausa vê-se rapidamente traduzida na sensação de que as mulheres de determinada idade já passaram de seu apogeu. Se a nossa cultura louva as moças fartas e esbeltas, a mulher pós-menopausa sem dúvida terá mais dificuldades para ser notada – que dirá para conquistar um status relevante. Essa, obviamente, é uma perda, tanto para a sociedade quanto para a mulher, que também terá seus outros atributos – sua experiência ou sabedoria, por exemplo – negligenciados.

Mais ou menos na mesma época, os próprios filhos, outrora testemunhos vivos da fertilidade da mulher, provavelmente sairão de casa, e, desse modo, a visão que a mãe tem de si sofre mais um abalo. Assim como seu companheiro, ela continua sendo mãe, mas agora se trata de uma maternidade à distância, de um cuidado sem intervenção física, que pode tumultuar as emoções. É realmente maravilhoso ver as crianças traçando o próprio futuro; no entanto, por ter sido um dia a figura mais necessária da vida delas, não ser mais exigida é algo que pode desencadear um grande vazio na mãe. A mãe e o pai se voltam um para o outro e encaram a estranha sensação de ser um casal novamente, só que agora numa casa que é grande demais e sob a suspeita, causada pela partida dos filhos, de que a vida está acontecendo em outro lugar. Ainda assim, como se fosse uma troca de pele, essa fase crítica pode estimular um novo senso de possibilidades. Desde que evite as armadilhas da nostalgia, da regressão e do remorso, a crise de meia-idade pode deixar o caminho livre para o recomeço.

16
Divorciando-se

AO ESTUDAR história na Inglaterra, todo aluno da minha geração teve de aprender a seguinte rima:

Divorciada, decapitada, e morreu;
Divorciada, decapitada, e sobreviveu.

Não é difícil perceber que esse recurso de memorização se refere a Henrique VIII, o monarca da monogamia em série, e às suas mulheres desafortunadas. Frustrado por não gerar homens capazes de dar continuidade à linhagem dos Tudor, ele descartava esposa após esposa com graus variados de compaixão, mal parando para cogitar que a causa de tudo isso pudesse ser a suntuosa braguilha ostentada, com tanta pompa, por sua personalidade real.

Seria possível achar que, ao lado da decapitação e da morte, o "divórcio" parece algo inócuo. No entanto, sua contribuição histórica é significativa e nos ajuda a explicar por que ele ainda é levemente estigmatizado, mesmo estando cada vez mais presente. Henrique simplesmente não podia se divorciar – foi-lhe necessário reestruturar todo o sistema religioso para que pudesse fazê-lo. Nascido católico romano, ele estava religiosamente subordinado ao papa e, mais acima, ao próprio Senhor, e ambos haviam proibido expressamente o divórcio. Se buscasse ratificação na Bíblia, ele encontraria, em Mateus, o relato dos fariseus questionando Jesus sobre o tema:

"Vós não lestes", respondeu Ele, "que no começo o Criador 'fez o homem e a mulher' e disse: 'Por essa razão, o homem deixará seu pai e sua mãe e se unirá à sua esposa, e os dois serão uma só carne'? Desse modo, eles não são mais dois, mas apenas um. Portanto, que o homem não separe o que Deus uniu."

Diante de um dogma tão rígido, Henrique escolheu a opção nuclear. Em vez de mofar num casamento infecundo e continuar com o papa, ele rompeu com Roma e ainda levou consigo a maioria dos mosteiros católicos da Inglaterra. O preço de seu divórcio foi a ruptura da Igreja Cristã, e pessoalmente ele ainda corria o risco de, tendo desprezado as Escrituras, não ir para o Céu. No entanto, Henrique era agora o mestre de sua própria religião; podendo elaborar suas regras, ele tornou o divórcio legal e pôde enfim concretizar sua formidável vontade.

Você não precisa ser católico para perceber como essa interferência agressiva prejudicou a instituição do casamento ou como o divórcio pode trazer consigo algo de profano. Afinal, no momento da cerimônia, nós desejamos que o casamento dure para sempre, e mesmo que você se case fora de um templo religioso, a ideia de dar fim ao matrimônio pode muito bem parecer uma transgressão. Os votos não são leves, e, por isso, violá-los pode suscitar, na maioria dos casos, um peso proporcional na consciência. Por outro lado, Henrique abriu caminho para todos os que vieram depois dele – não apenas para os soberanos arrogantes que precisavam se reproduzir, mas também para as almas comuns que haviam se unido de bom grado mas, agora, se viam presas há anos numa relação abusiva e desamorosa: sem o divórcio, elas estariam presas. Nesse sentido, o divórcio possibilitava uma forma misericordiosa de reclamar certa liberdade pessoal em face do que teria sido uma faina eterna.

Mas nós estamos nos precipitando. Ainda levaria centenas de anos para que essa noção do divórcio como restauração da liberdade ou como fuga da infelicidade amadurecesse. Um século depois da arriscada atitude de Henrique, John Milton, herdeiro assumido do ceticismo antirromano, ainda tentava justificar publicamente a validade do divórcio. Como Henrique, seus argumentos acobertavam um motivo pessoal – ele acabara de ser dispensado por uma noiva –, mas vinham engrandecidos com um portento social e religioso.

Milton encarava com mais seriedade, ou ao menos com mais racionalidade, a necessidade de reconciliar o divórcio com as Sagradas Escrituras, e por isso publicou uma série de tratados sinuosos a fim de dissolver a contradição – aparentemente decisiva – entre aquilo que Jesus estipulara e o que o ele mesmo propunha. Como no *Paraíso perdido*, Milton estava tentando adaptar a complexidade do comportamento humano à simplicidade da imposição divina. De fato, o retrato da relação entre Adão e Eva que ele traçou no grande épico indica muito bem como um casamento deveria ser: "O apto e prestimoso diálogo do homem com a mulher, destinado a confortá-lo e revigorá-lo contra os males da vida solitária." Assim, na visão de Milton, o declínio dessas condições bastaria para justificar a separação.

À primeira vista, essa imagem miltoniana da felicidade matrimonial parece mesmo moderna. Enquanto o que Milton retrata é a convivência cordial de adultos (ainda que a igualdade aí implícita seja solapada pelo fato de a mulher parecer submissa ao homem), seus companheiros de religião no século XVII teriam defendido a perspectiva mais seca e doutrinal que diz que o casamento existe sobretudo para suprimir a fornicação e para gerar filhos. No entanto, ainda que para Milton o casamento devesse ser a comunhão singular de dois seres humanos que buscam satisfações mundanas, isso não significa que essa serenidade terrestre escape aos olhos de Deus. A modernidade do poeta só chegou até aí. Aquele aprazível intercâmbio entre homem e mulher continuava pautado por uma devoção mais ampla ao Todo-poderoso, responsável por conferir o grande dom do casamento à humanidade. Um casamento feliz possibilitava a glorificação de Deus.

Do mesmo modo, para Milton, o matrimônio infeliz limitava não apenas a felicidade do casal, mas também a natureza potencialmente divina de sua união. A fim de evitar que você se tornasse pecador ou ao menos irreligioso, o divórcio trazia uma forma honesta, quiçá conveniente, de sair de uma relação que ameaçava tornar-se não apenas infeliz, mas também, em sua própria dissonância, profana.

Não que o divórcio marque o fim dos problemas. Ao evocar "os males da vida solitária", Milton parece insinuar que o casamento representa um estado mais nobre, e disso nós poderíamos inferir, a partir de nossas perspectivas modernas, que o divórcio deveria ser utilizado não apenas como instrumento de término, mas também como recurso de transição entre relacionamentos. Afinal, o divorciado se torna tão solitário quanto o solteiro; além disso, ele está sujeito a males comparáveis, quaisquer que sejam eles. Melhor seria recuperar o paraíso, retornar àquele ideal edênico em que, apesar de desigual, o discurso entre homem e mulher representa a liberdade de espírito – liberdade que é a condição mesma da felicidade. O que há de "mau" na vida solitária do divorciado é, entre outras coisas, a insuficiência desse diálogo humano, a falta de exercício mental que acompanha a ausência de alguém com quem é possível conversar. O divórcio pode representar uma fuga útil, e não ignóbil, da miséria, mas, até que seja convertido num casamento novo e mais completo, corre o risco de atolar em seu próprio desespero.

Nesse sentido, o estigma do divórcio permaneceu intacto, assim como hoje ninguém de fato prefere o divórcio ao casamento, ao menos em princípio. No entanto, o problema talvez esteja na distinção entre o divórcio como saída imediata de um vínculo desafortunado e o estado de pesar que se instaura mais adiante; entre a ação de divorciar-se e o fato de estar divorciado; entre o ato e a condição. Em geral, o estigma se aplica mais ao último, no qual o "divorciado" insinua algo que, se não é tóxico, é um pouco incômodo: ainda que a culpa não tenha sido sua, ao se ver circundado pelos papéis do divórcio, você também recebe um rótulo público e jurídico que expõe o seu fracasso nupcial, o que não é lá algo muito atraente. Além disso, por não haver divórcio sem casamento, a condição de divorciado existe sempre em função de um passado, e assim o ex-marido carregará sempre uma "bagagem" que deve ser associada ao presente. Unir-se a um divorciado é ser apresentado ao mistério de seu histórico, ao enigma do casamento fracassado e à questão de quão longe ele se encontra de uma união que foi dissolvida legalmente mas, psicologicamente, o reteve.

Deixemos de lado a "condição" do divorciado. Do outro lado, o "ato" de divorciar-se parece mais simples e direto, mas a realidade nunca é tão perfeita. "Amargo", "tumultuado", "caro", "arrastado": eis as palavras que formam o tecido cinza e sombrio do divórcio. Goste você ou não, o divórcio é um processo – e um processo que pode assumir uma vida própria. Não é difícil saber o porquê: duas pessoas que não conseguem entrar num acordo e estão tentando se separar são forçadas a concordar sobre como realizar a separação – e isso enquanto veem suas tristezas sendo instigadas por advogados que, cobrando por hora, não têm o menor interesse em resolver a questão. É por causa dessa ênfase legal nas reivindicações conflitantes que o processo do divórcio é organizado a fim de repetir ou exacerbar aquilo mesmo que, em muitos casos, acabara com o casamento. Embora essas reivindicações possam ser mais financeiras do que emocionais, elas tendem a apresentar contornos semelhantes, sobretudo porque o dinheiro e os sentimentos muitas vezes funcionam como substitutos um do outro. Além disso, como afirma o professor de direito Stephen Cretney, o divórcio consensual, sem a intervenção do tribunal, ainda é algo muito remoto: a separação não pode ser realizada sem esse formidável mecanismo. Se as taxas de matrimônio têm decaído com tamanha regularidade, isso certamente tem a ver com o fato de o casamento como instituição ser descreditado em virtude da rejeição prática do possível divórcio: se apenas estiver vivendo com alguém, tudo o que você precisará fazer é ir embora. Não será necessário um divórcio.

Além disso, deixar um companheiro, e não um esposo, é algo que pode ser feito em particular, ao passo que o divórcio, a exemplo do próprio casamento, se tornou um grande teatro. O fato de ser algo legal já concede ao divórcio um aspecto inerentemente público, o qual só veio a se refinar graças à dissolução de uma série de matrimônios da alta sociedade. Do rei Eduardo e Wallis Simpson até o príncipe Charles e a princesa Diana, passando pelas brigas das chamadas celebridades de Hollywood, é possível acompanhar os divórcios pela mídia como se eles fossem um gênero de entretenimento. O divórcio pode ser a versão moderna da tragédia grega, com o público descobrindo no ato os antagonismos entre VIPs cuja dor é tão fascinantemente comum quanto a nossa. E, enquanto na tragédia grega a morte assegurava o fim do esplendor e da complacência da família real, hoje o destino decreta que praticamente todos os casamentos extravagantes terminarão em lágrimas. É isso o que esperamos e que é satisfeito de maneira bastante benevolente quando todo casal encantador, depois de anos de infortúnios, acaba precisando dividir os presentes de casamento.

Essa partilha dificilmente ficará mais fácil se houver crianças envolvidas. Quando os acordos pré-nupciais não se aplicam ou quando o parceiro dependente espera que "as coisas continuem iguais para elas", a presença de crianças complica ainda mais a divisão já desafiadora dos espólios. Assim como ambos os lados partilham um dote implícito quando se casam – casas, carros, ações –, no divórcio temos aquela complexa divisão do capital que, de maneira um tanto sórdida, pressagia o sombrio dispêndio dos bens após a morte. Tirar as coisas do caixa comum nunca é tão bom quanto colocá-las lá, já que, assim como as pessoas, as posses são melhores quando unidas. Dito isso, se as crianças são consideradas "posses", elas pertencem a uma ordem diversa.

O pôster de *Kramer vs. Kramer*, filme vencedor do Oscar lançado em 1979, retrata memoravelmente três membros de uma família ideal: nele, o pai abraça a mãe, os dois formando a moldura mais segura possível para Billy, seu anjinho. Esse pôster é memorável por conta de sua ironia: o filme narra a história do filho que é disputado por seus pais durante um longo e sofrido processo judicial. Ele também é memorável, claro, pela descarada deturpação do título, *Kramer vs. Kramer*. Não se trata de marido *e* mulher, o que seguiria a ordem natural das coisas; ali, temos marido *contra* mulher, uma disputa nupcial tão cosmologicamente errada e masoquista quanto o canibalismo ou a guerra civil. A simetria entre os nomes Kramer e Kramer causa uma ilusão de ótica verbal, a qual leva o olho a perceber uma harmonia – lembre-se de que a esposa adota o nome do marido em sinal de afinidade – quando, na verdade, o que pravelece é a hostilidade. Visualmente, o "v" de *vs.* se assemelha a uma gangorra e alude ao enorme equilíbrio existente entre os antigos amantes; e, como principal ironia, temos o fato de o próprio Billy partilhar daquele sobrenome e, ainda assim, não encontrar lugar ali.

O que a terrível simetria do título *Kramer vs. Kramer* oculta, porém, é o fato de que, havendo filhos ou não, cada lado envolvido no divórcio se encontra numa posição diferente. Mais uma vez, o constructo legal piora ainda mais as coisas, agora colocando um como "requerente" e o outro como "réu" – ou, para sermos mais claros, um como inocente e o outro como culpado. Tudo começa com o fato, perfeitamente incontestável, de que, para que o divórcio seja concedido, deve haver fundamentos: você não pode se divorciar por impulso. Sim, é verdade que é possível se divorciar em Las Vegas com a mesma velocidade com que se pode casar; porém, se for esse o caso, entre o início e o fim do matrimônio passa a dominar uma seriedade equivalente, e talvez esteja aí a regra. Quanto mais sérios forem os votos, mais grave o divórcio deve ser. Mais graves são também as acusações, os "motivos" exigidos. Esse pode não ser um processo criminal, mas a sensata demanda por razões e provas eleva as apostas a um nível que, por ora, está muito longe de ser correspondido. Enquanto a maioria dos casamentos fracassa em virtude de uma série conturbada de razões emocionais, os tribunais não oferecem um mecanismo capaz de lidar com essas motivações intangíveis, e assim procuram fundamentos quase criminais em fatores como o "adultério" ou o "juízo descompensado" do parceiro – os quais, embora soem estranhos, podem ao menos ser medidos. Essa linguagem produz uma injustiça a que a corte pode agora, pedantemente, responder. Enquanto isso, ao assumir a forma da incompatibilidade completa, essa iniquidade terá sido vivenciada por muito tempo como uma deterioração emocional. O casal infeliz sabe muito bem que qualquer "simetria" no relacionamento terá se comprometido muito antes de o aparato legal confirmar o fato.

Felizmente, muitos sistemas legais estão se conscientizando dessas verdades e examinando novas medidas capazes de compensá-las. Sobretudo por causa do reconhecimento tardio das necessidades prementes da vítima – isto é, o filho –, eles vêm tentando nadar contra a maré cultural e recordar-nos de que o divórcio não é uma cláusula de escape inscrita invisivelmente em todo contrato matrimonial, mas apenas um recurso derradeiro. Para eles, seria melhor que a simetria e a harmonia fossem restauradas e ninguém precisasse recorrer ao tribunal. Por essa razão, os serviços de aconselhamento e de conciliação têm funcionado como assistentes jurídicos que se organizam em torno das legalidades. Além disso, se o divórcio é um processo, ele não precisa partir do descontentamento nupcial e passar direto à contratação de advogados; na maioria dos casos, haverá uma tentativa, ainda que irresoluta, de "salvar o casamento" – e isso muitas vezes equivalerá à contratação de um tipo de profissional que cobra uma taxa semelhante por hora: o terapeuta.

Daí o crescimento das terapias de casal. Criada a partir da terapia pessoal e da psicanálise, sua óbvia diferença está no fato de haver dois clientes sentados diante do psicanalista que faz os julgamentos. Esses "julgamentos" evocam, claro, a figura do juiz, e, entre as várias peculiaridades da terapia de casal, está o fato de que, embora expressamente destinada a evitar os processos legais do divórcio, sua dinâmica se assemelha claramente à cena em que dois advogados rivais defendem seu ponto de vista perante o juiz. Ainda que inconscientemente, marido e mulher acharão difícil não tentar convencer o terapeuta de sua posição. Enquanto isso, o profissional deve fazer tudo o que estiver ao seu alcance para resistir a isso, pois é a própria ausência de vereditos o que facilita a disposição terapêutica. Ao deixar de lado os juízos e a culpa, o terapeuta experiente ajuda o casal a remover a lente do ressentimento pela qual os parceiros encaravam o problema, e assim torna possível, ao menos em teoria, que cada um se coloque na situação do outro. Enquanto o casal em crise verá tudo nos termos da diferença, o terapeuta espera evocar, por meio dessa empatia, as semelhanças que um dia levaram o casal a se unir.

Se você acha que isso parece um talento, espere até conhecer a transferência. Esquematizada pela primeira vez por Freud, a "transferência" – *Übertragung*, em alemão – se refere à estática emocional que surge quando o paciente se dirige ao terapeuta. Você não fala com o terapeuta do mesmo modo como fala com um amigo: a neutralidade que ele conquista apenas por ser independente, a qual terá aperfeiçoado por meio de técnicas como a da suspensão do julgamento, faz com que o terapeuta se torne uma tela em branco em que o paciente é capaz de pintar o retrato que mais lhe aprouver. Fisicamente, ele é um terapeuta; emocionalmente, porém, transforma-se na mãe do paciente, em sua irmã, seu inimigo, seu amigo e tudo o mais. Isso não quer dizer que o terapeuta possa alcançar uma neutralidade absoluta – afinal, ele é um mero ser humano – e, portanto, temos na contracorrente aquilo que é conhecido simplesmente como "contratransferência". Desse modo, tanto o paciente quanto o terapeuta falam com alguém que é só parte daquele que de fato é, com o restante sendo composto de mera fantasia. E isso porque estamos falando apenas da terapia particular. Coloque agora um terceiro elemento – o cônjuge do paciente – e você terá, entre cada um, uma trama de transferências da qual o terapeuta precisará estar ciente.

Mas será que isso tudo funciona? Bem, por trás das vertiginosas permutações encontra-se um fato reconhecido por todos: o de que falar ajuda. Se, a exemplo da psicanálise, a terapia de casal é conhecida como a "cura pela fala", não é apenas porque falar afasta a necessidade de uma atitude mais invasiva, como medicações ou o divórcio. Na verdade, isso acontece também porque é a ausência de comunicação entre o marido e a mulher o que muitas vezes coloca o matrimônio sob pressão. Apenas por oferecer um território neutro e por reservar um horário em que o casal é capaz de conversar, a terapia ajuda a dissolver a tensão orientada para o divórcio. Para sermos mais precisos, as boas terapias de casal fomentam tanto o ato de falar quanto o de ouvir, e nisso consiste a terceira técnica a ser empregada pelo terapeuta: a do espelho. Isso pode soar muito simples, mas, quando o terapeuta repete em voz alta o que o marido, por exemplo, acabou de dizer, o resultado pode ser surpreendente. Como a esposa se acostuma a ouvir o marido de maneira redutora, filtrando tudo o que ele diz para ajustá-lo a preconceitos de longa data, ouvir suas palavras na boca de outra pessoa pode ajudá-la a ver seu cônjuge sob uma perspectiva nova. Se o terapeuta vai além e usa a quarta técnica, conhecida como "*reframing*", podemos ter ainda outras descobertas. No *reframing* ou reestruturação, o terapeuta pega aquilo que o paciente diz e o reformula de modo a desvelar a emoção ali subjacente. O marido, por exemplo, diz: "Minha mulher não me entende", ao que o terapeuta afirma: "Você não se sente compreendido." Desse modo, o profissional transforma uma acusação objetiva, capaz de gerar retaliações, num sentimento subjetivo, mais propício a suscitar compaixão e concórdia.

Para além de todas essas técnicas, o fato é que, embora o divórcio tenha infestado nossa cultura a ponto de encontrar lugar neste livro como um dos marcos previsíveis da vida, não é equivocado vê-lo como uma aberração. É melhor, portanto, eliminar o conflito nupcial logo de cara. O fato de você ser capaz ou incapaz de imaginar uma terapia de casal com Henrique VIII e Catarina de Aragão pode ser irrelevante, mas quem sabe? Se isso estivesse disponível na época, toda a história do divórcio, sem falar na da Igreja Cristã, poderia ter tomado outro rumo.

17
Aposentando-se

"Pensar, quando já não se é jovem, quando ainda não se é velho, que não se é mais jovem e ainda não se é velho, talvez haja nisso algo de especial." Assim escreve Samuel Beckett em *Watt*. Ainda que você ache o trecho desconcertantemente simples ou simplesmente desconcertante, ele pode servir como mote para a aposentadoria. Isso acontece porque, embora associemos o ato de se aposentar ao ato de envelhecer, não são a mesma coisa, ainda que de fato tenhamos deixado de ser jovens. A aposentadoria abarca aquela zona indistinta em que não se é mais jovem e ainda não se é velho – e é por isso que o próximo capítulo, cujo título é "Vivendo a terceira idade", não vê problemas em falar livremente sobre o enrugamento. Dizer que você está aposentado aos oitenta anos, por exemplo, soará estranho porque é algo bastante óbvio. A "aposentadoria" diz mais respeito à década que se segue imediatamente ao fim da vida profissional, quando já não se é jovem mas ainda não se é velho. E talvez haja nisso algo de especial.

É precisamente o afastamento do trabalho que define a aposentadoria: você não pode se aposentar se não tiver um emprego que lhe permita isso. Esse é um marco que não diz respeito ao rico ocioso, àquele que está desempregado há muito tempo, ao louco, ao enfermo e à mulher sustentada pelo marido – grupos demográficos que dificilmente estariam vinculados fora desse contexto. Para eles, a vida apenas continua. Enquanto isso, para a maior parte das pessoas, a aposentadoria é um rito de passagem tão previsível quanto o fim da escola – com a diferença que, enquanto o fim da escola o prepara para a velocidade do mundo, a aposentadoria o leva a reduzir seu ritmo e a retrair-se. Aposentar-se é se afastar de algo, recuar. Os boxeadores profissionais, ao lado dos jogadores de futebol, dos pilotos de corrida e dos jogadores de tênis, penduram rotineiramente suas chuteiras, suas luvas ou suas raquetes, mas isso não conta. Não importa quantos troféus você ganhou em Wimbledon; anunciar a aposentadoria quando sua cabeleira ainda é abundante e seus músculos ainda são flexíveis é uma artimanha ineficaz: você ainda é claramente jovem. Além disso, "aposentar-se" é, para a maioria das estrelas do esporte, apenas o prenúncio de uma nova carreira como comentarista, técnico ou cabide de marcas multinacionais. Segundo penso, a verdadeira aposentadoria assinala que você jamais voltará a fazer parte da força de trabalho. Ela precisa envolver uma despedida definitiva.

Nesse momento de adeus, você estará dando tchau a um ofício que, goste você ou não, o definira por décadas. Pense em como você se apresenta numa festa: além de seu nome, o que mais interessa ao interlocutor talvez seja aquilo que você faz. Até o dia de sua aposentadoria, você pode dizer que é ventríloquo, especialista em desarmamento de bombas ou projetista de iates, uma vez que é realmente possível demonstrar isso. A partir da manhã seguinte, porém, não há nada mais que possa ser murmurado além de "Eu costumava fazer isso ou aquilo". Ser obrigado a falar do passado assim pode soar patético – uma exploração das glórias de outrora –, mas não há muitas alternativas. Dizer somente que você se aposentou não carrega o peso necessário, sobretudo porque *aposentado* não é uma ocupação propriamente dita. Ainda que muitos abracem a liberdade trazida pela aposentadoria e comemorem sua libertação das garras do trabalho, há um preço a ser pago: a renúncia a uma parte substancial de sua identidade, a qual passa então a ser abordada no passado.

Pegue o romance *Mr. Phillips*, de John Lanchester, no qual o "herói" de meia-idade perde o emprego como contador que então o definia. Temos aí uma aposentadoria forçada pela demissão. Ao percorrer as ruas nos dias que se seguem, ele é incapaz de não ver o mundo com seus olhos de contador. Vasculhando uma banca de jornal, o protagonista nota as revistas da prateleira superior e, em vez de sentir-se instigado pelas imagens libidinosas, calcula a base financeira da indústria pornográfica a partir do número de mulheres fotografadas por revista, de sua possível circulação, da exigência de modelos novas e atraentes, da cadeia de abastecimento que as entrega etc. Os números correm em sua veia. Ele simplesmente *é* um contador, sendo pago para isso ou não.

O que o sr. Phillips demonstra é que, enquanto o trabalho pode ter fim, as habilidades necessárias para realizá-lo permanecem disponíveis. Depois de muito tempo de aposentadoria, as competências que um dia você ostentou – como editor, mecânico, esteticista, cordoeiro, gerente geral, horticultor – podem muito bem não ser praticadas, mas a capacidade de exercê-las não necessariamente definha. Daí aquelas pessoas que "deixam a aposentadoria" para preencher uma vaga que no momento não pode ser preenchida; e daí, também, a opção que temos de, ainda aposentados, fazer bom uso de nossas habilidades em outros empreendimentos.

O guru da administração Charles Handy tem uma opinião interessante acerca dessas habilidades. Ele assinala que, com a noção de "emprego vitalício" sendo substituída por carreiras polivalentes, o profissional cada vez mais estará ao alcance de qualquer organização – trabalhando como autônomo, por exemplo, ou apenas meio expediente. Aposentar-se de um único cargo, ou mesmo de uma única profissão, será algo cada vez mais raro, e assim a questão de perder a própria identidade também ficará mais complexa. Se você foi várias pessoas durante a vida profissional, estará dando adeus a todas elas? É possível que sim, mas ao menos você ainda terá aquelas habilidades acumuladas, as quais talvez o definam mais do que qualquer outro cargo que você tenha ocupado. Isso deve ser uma coisa boa, uma vez que insinua que, mesmo durante a aposentadoria, ainda é possível empregar esses talentos para ganhar um dinheiro extra ou apenas para sair de casa. Além disso, fica subentendido que a própria aposentadoria será parecida com aquele estilo de vida autônomo em que você passava de um trabalho a outro; nesse caso, você jamais se aposentará completamente, mas apenas reduzirá as horas que distribui entre uma grande quantidade de atividades.

Tudo isso também tem um lado físico. Ao longo da vida profissional, o seu corpo terá aprendido a se mover de acordo com certos padrões – a entrar e sair do táxi que você dirige, a inclinar-se de determinada forma para cortar o cabelo de alguém, a erguer a cabeça para ver as ações subirem ou despencarem no monitor. Tais manifestações ficarão mais evidentes no pescoço alongado de um ex-bailarino e na postura gigantesca de um ex-segurança do que num advogado ou num caixa, mas ainda assim se aplicam a todos. O vigor e a cordialidade presentes na conduta de um fazendeiro não serão percebidos no acadêmico curvado e de pele lisa. A identidade profissional deixa até mesmo rastros no corpo.

A ironia disso tudo está no fato de que, ao continuar exercitando sua mente algorítmica, o sr. Phillips não deixa sua identidade definhar: ele a preserva. Como um andaime, o trabalho fora abandonado, mas o homem permanece. A contabilidade é, para ele, o mesmo que servir às Forças Armadas ou à Igreja, nas quais é perfeitamente aceitável ser reconhecido como capitão Fulano ou cardeal Beltrano muito depois de ter perdido o ritmo. De maneira semelhante, os ex-presidentes dos EUA continuam a ser chamados de "sr. Presidente". Essa é uma prática que pode ser plausivelmente identificada com a doutrina medieval dos dois corpos do monarca, descrita pelo historiador judeu alemão (e "ex-"professor de Princeton) E. H. Kantorowicz. Embora a Idade Média não conhecesse o conceito de aposentadoria, ela via o rei tanto como uma pessoa quanto como um título, isto é, como um corpo e um ofício que iria perdurar. Os presidentes não são monarcas, claro, mas, numa república, eles são o mais próximo que temos disso; desse modo, declarar que você ainda é o presidente Bush muito após ter deixado o Salão Oval e Obama ter feito seu juramento é afirmar a persistência e a inviolabilidade do título. Na verdade, isso é um pouco diferente de retirar sua identidade de um ofício e ser capaz de prolongá-la: trata-se mais da imortalidade do próprio cargo. Referir-se a um ex-presidente como presidente é afirmar a majestosa continuidade do posto, seja qual for o indivíduo a ocupá-lo. A pessoa se aposenta, mas o cargo não.

Basta de presidentes do passado. Existe ainda uma categoria menos elevada de trabalhadores cuja identidade não será apagada com a aposentadoria: a das pessoas cujo trabalho é uma vocação. Até mesmo o despretensioso sr. Phillips transformara em vocação, e não em emprego, a contabilidade, sendo precisamente isso o que lhe permitiu virar uma espécie de contador-sem-empresa após a dispensa. No entanto, eu também tenho em mente a distinção feita, num dos capítulos anteriores, entre arrumar um emprego e ter uma vocação. Pintores envelhecidos continuam pintores independentemente de sua produtividade, do mesmo modo como um vigário não deixa de ser reverendo. A verdade é que, por terem como ofício uma vocação, essas pessoas jamais chegam a se aposentar de verdade; elas continuam até morrer. Seria isso uma bênção ou uma maldição?

Qualquer que seja a resposta, elas não têm o escudo que a aposentadoria parece colocar diante das investidas da morte. De fato, antes de a aposentadoria ser estabelecida no século XX, você trabalharia até cair de qualquer modo, isto é, não havia qualquer diferença entre aqueles que tinham ou não uma vocação. Você carregava seu pincel ou sua pá até cair duro – era assim que o mundo funcionava. Segundo essa perspectiva, a chegada da aposentadoria nos tempos modernos parece um presente – um presente que concede, ainda que por um período limitado, a oportunidade de desfrutar de algum descanso antes de o corpo se tornar demasiadamente frágil. A aposentadoria é uma invenção maravilhosa.

Isso não quer dizer que ela não possa precipitar a morte. Como afirmou o ator Ernest Borgnine, que, aos 93 anos, trabalhou em um filme com Bruce Willis, "a aposentadoria mata, o trabalho lhe dá um propósito". Por mais que você possa se concentrar nos três itens clássicos da aposentadoria – o golfe, os netos e as galerias de arte –, o fato de estas serem atividades arbitrárias sugere que elas podem não acrescentar nada à sensação de se ter um propósito nem produzir a satisfação de um ofício bem-feito.

Os passatempos da aposentadoria podem servir como substitutos do trabalho abandonado, mas não exigem que você se envolva com o mundo da mesma maneira. Trabalhar geralmente equivale a ser exposto à diferença e ao desafio, o que é fortalecedor. Os aposentados tendem a andar com outros aposentados, enquanto os trabalhadores terão colegas com opiniões, históricos, idades e ambições diferentes. Sem dúvida, essa diversidade elevaria muito o bem-estar dos sexagenários – ela os manteria antenados, sintonizados com outras linguagens e ideias. Talvez o pulo do gato seja não se aposentar na aposentadoria: deixe o trabalho se for preciso, mas abrace situações novas e interessantes. São elas que podem ajudá-lo a ultrapassar seu prazo de validade. Como afirmou Alexis de Tocqueville: "É especialmente nessa idade que é impossível sobreviver apenas com o que se aprendeu, sendo preciso aprender mais."

Tudo isso pressupõe que a aposentadoria ainda existirá futuramente – um pressuposto que deve ser posto à prova. Em todo o mundo, nós desenvolvemos técnicas tão eficazes, que seria possível crer que o equilíbrio entre a produção e o consumo continuará inclinado a este último, mas isso não passa de uma ilusão. Pense naquele crescimento exponencial da população que mencionei no capítulo sobre os filhos: é óbvio que isso terá algum impacto. E, se a aposentadoria é um luxo oferecido por países tão ricos a ponto de poderem sustentar uma mão de obra que deixou de produzir, o declínio dessa riqueza deve ter consequências proporcionais para ela. Em alguns países, a supressão da aposentadoria compulsiva já foi legitimada. A era dos aposentados, embora tão recente, pode se mostrar efêmera, e a ideia de ingressar numa "segunda infância" talvez se torne apenas um vislumbre histórico.

Essa pressão exercida sobre a atmosfera econômica provavelmente nos fará rever a lógica com a qual a aposentadoria é há muito tempo defendida: como você se esforçou bastante, tem direito a obter algo. Por que ninguém deveria cuidar de você em seus anos derradeiros? Por mais robusto que esse raciocínio pareça em determinado plano, existem motivos filosóficos e econômicos para tratá-lo com cautela. Mais adequado é o pensamento de Bert Hellinger, filósofo e terapeuta alemão que insiste na importância do dar e do receber para o funcionamento dos sistemas sociais. Um raciocínio hellingeriano se desdobraria desta forma: colher os frutos da aposentadoria após uma vida inteira de trabalhos e impostos é uma coisa perfeitamente justificável até você considerar o apoio recebido quando criança. Antes mesmo de você começar a trabalhar, o Estado o ajuda de diversas formas: com pensões infantis, educação pública, assistência médica, transportes gratuitos, sem falar nos descontos dados em parques temáticos, centros de lazer, museus e zoológicos. Se as três principais fases da vida são a época do crescimento, do trabalho e da aposentadoria, você terá sido mimado em duas delas. Ao se aposentar, você já terá utilizado grande quantidade do seu crédito, abalando assim o equilíbrio existente entre o dar e o receber. Seria melhor dizer que cada imposto que você paga serve para quitar suas dívidas de infância, e não para financiar sua aposentadoria. O mais justo seria continuar trabalhando e tentar não ser um fardo para os outros. Como sempre, porém, os números podem ser manipulados. Analise o mesmo problema utilizando a quantidade de anos em atividade e o gráfico apresentará mudanças significativas. Digamos que você passe vinte anos crescendo, quarenta anos trabalhando e outros vinte na aposentadoria. Isso significa que quarenta anos são dedicados a dar e quarenta, a receber. Temos aí um equilíbrio perfeito que contentaria Hellinger – contanto que você se mate ao completar oitenta anos ou volte a procurar emprego.

Contudo, não é sua relação com o Estado o que mais preocupa o aposentado, e sim sua relação com a família. Por mais clichê que pareça, a possibilidade de usar a aposentadoria para "passar mais tempo com a família" continua tentadora. Enquanto a vida profissional costumava atrapalhar a união familiar, a aposentadoria permite que você passe momentos valorosos com seus parentes, em especial com os netos. Ao tentar identificar, em suas memórias, o que o deixa feliz, John Updike escreveu:

na tarde de hoje receberei a visita de minha filha, meu genro e dois netos. Com meus netos, desfruto de um prazer estético ocioso que, por estar muito ocupado, eu não pude ter com meus filhos, exceto quando dormiam.

Para a maioria dos avós aposentados, é claro, esse prazer não é apenas estético; trata-se da sensação de estar ligado, durante a progressão da velhice, a uma juventude ilimitada. Deixando de lado o pensamento igualmente batido de que ser avô equivale a ser pai, mas sem os lados negativos da paternidade – e é mais ou menos isso o que Updike diz –, estar cercado pelos netos é testemunhar a afirmação da própria vida. Sente-se uma satisfação profunda ao ver que a vida foi passada de seus filhos para os filhos deles e que ela é tão fluentemente jubilosa.

Em virtude dessa abundante sensação, talvez seja surpreendente o fato de algumas pessoas optarem por se aposentar do outro lado do oceano – isto é, o mais longe possível de suas famílias. O fascínio exercido pelo clima mediterrâneo, por exemplo, simplesmente não pode ser ignorado. E, no caso de sua vida profissional ter sido penosa, esse calor é a menor recompensa que você poderia desejar – por isso, o Estado que se dane. Além disso, se você já vê a aposentadoria como um paraíso metafórico, por que não transformar essa metáfora em algo literal? Existem vários programas de TV que mostram locais ensolarados que nos encorajam a fazer exatamente isso. A aposentadoria se torna aquele feriado perpétuo com que sempre sonhamos, um cartão-postal perfeito.

Não é preciso dizer que a realidade nem sempre corresponde a essa perspectiva, e aqueles mesmos programas de TV acabaram produzindo um subgênero em que o repórter retorna um ano depois pra ver como os aposentados estão se virando. Aterrissando no aeroporto de Málaga em janeiro, quando o mar está cinza, a brisa é pungente e os restaurantes estão fechados para o inverno, o repórter chega com uma alegria intencionalmente falsa até a entrada. Diane e Dave abrem a porta e, diante de seus rostos bronzeados, mas ferozes, logo fica evidente que as coisas não funcionaram como o esperado. Eles não falam o dialeto local, acham a burocracia da região assombrosa e nunca são convidados para as festas da vizinhança. Sim, o tempo que ambos passam juntos aumentou, mas não está isento de inconvenientes; eles também fizeram amizades com outros expatriados, só que a maior parte de suas conversas gira em torno da vida em sua terra natal. Antes de qualquer outra coisa, os dois sentem falta de suas famílias. Os netos haviam lhes visitado, mas ter de dizer adeus na hora da partida foi algo verdadeiramente arrasador.

Portanto, essa relação com a família deve ser analisada cautelosamente, sobretudo porque, cedo ou tarde, o aposentado dependerá dela. Desse modo, do ponto de vista dos parentes, a aposentadoria de um pai ou de um avô pode parecer uma bênção ambígua. O problema não está apenas no fato de eles passarem a consumir a herança dos filhos, mas na inversão do tempo extra que eles podiam dedicar às crianças e, agora, tem de ser usado para si mesmos. Como eu disse, porém, no início deste capítulo, esse é o momento em que a próxima fase, a da terceira idade, se inicia.

Eu afirmei também que a aposentadoria é um nebuloso estágio intermediário entre o início da velhice e o fim do trabalho e que ela pode envolver ainda um emprego de meio expediente. Para muitos, no entanto, o término da vida profissional é algo que se faz manifesto, sendo marcado pela tradicional festa de aposentadoria. Assim como muitas das festas realizadas para comemorar os marcos da vida – as de aniversário e de casamento, por exemplo, inconcebíveis sem que o bolo seja cortado ou que velas sejam sopradas –, a festa de aposentadoria possui uma fórmula própria. Ela inclui a distribuição de cartões de boa sorte e discursos que oscilam entre o reconhecimento de sua contribuição e a exposição irreverente de suas fraquezas. Mas o mais característico da festa de aposentadoria é a entrega do presente de despedida. E o que poderia ser mais clássico do que um relógio portátil ou entalhado? Clássico porque, como relógios, eles aludem ao seu tempo de serviço e, por extensão, à sua dedicação ao trabalho. Do mesmo modo, por ser de fabricação sólida – um verdadeiro presente de aposentadoria não pode ser frágil –, eles são ironicamente atemporais, sugerindo que sua aposentadoria será merecidamente longa. Talvez a ironia derradeira seja esta: a aposentadoria lhe dá tempo mesmo quando a tarefa da qual você está se afastando sugou toda a energia necessária para que ele seja aproveitado.

Felizmente, esse implacável adágio raramente se confirma na realidade. Poucos anos depois de ter se aposentado, as pessoas já revelarão, jubilosas, como a aposentadoria lhes fizera verem a vida com novos olhos. Se existe algo de que reclamam, é do fato de terem pouco tempo, e não muito; elas até mesmo questionam como um dia conseguiram se adequar a um cargo. Não se trata apenas das responsabilidades familiares, mas também de todos aqueles projetos adiados que finalmente podem se tornar realidade – isso sem falar nos novos passatempos. Esse pode ser um fenômeno moderno e até mesmo fugaz, mas, para aqueles que têm a sorte de aproveitá-la, a aposentadoria talvez represente a melhor época da vida. Afinal, podemos não ser mais jovens, mas ainda não somos velhos. E somos livres.

18
Vivendo a terceira idade

A FIM DE RESGATAR Eneias do inferno, Apolo concedeu a imortalidade a Sibila, sacerdotisa do oráculo de Cumas. Só que havia uma armadilha nisso. Apesar de toda a sua sabedoria, Sibila não solicitara a juventude perpétua que era necessária para neutralizar o destino que ela acabou sofrendo: ela simplesmente envelheceu mais e mais, encolhendo progressivamente até ser colocada num vaso de vidro para que todos fizessem piada. Quando um grupo de meninos perguntou o que ela queria, Sibila friamente respondeu: "Eu quero morrer."

Versão primitiva do "Cuidado com o que você deseja", essa história preserva uma série de verdades acerca do envelhecimento. Em primeiro lugar, a não ser que você seja um deus grego, a idade e a mortalidade caminham lado a lado com suas mãos mosqueadas. Se o processo de envelhecimento fosse infinito, se não houvesse um ponto final na extremidade dessa linha, o próprio conceito de "idade" definharia. Sim, você continuaria a se afastar temporalmente da data de seu nascimento, mas, sem um termo do outro lado, isso dificilmente importaria. Ainda que você e seus contemporâneos tivessem 53.789 anos, por exemplo, esse dado seria irrelevante sem uma escala capaz de informar se isso equivale ao tempo de vida de um frango ou de uma montanha. Haveria pessoas mais novas e mais velhas que você – algumas teriam milhões, bilhões de anos –, mas e daí? A única questão pertinente seria aquela levantada pela alegoria de Sibila, isto é, se você pode ou não envelhecer sem o envelhecimento. Supondo, certamente de maneira equivocada, que o infinito poderia conter esse tipo de gradação, viver para sempre ao mesmo tempo em que se definha é uma proposição bastante diferente de viver num estado imutável de "juventude". Isso levanta a subquestão de se "viver num estado imutável" seria um contrassenso, com base no fato de que a vida implica mudanças; de todo modo, o importante aqui é que sempre nos esforçaremos para conceber a idade como algo distinto do caminho que conduz à morte.

Depois, isso não significa que a morte não possa ser desejável. Dado que ninguém é imortal ou dono de uma juventude eterna, nossos anos derradeiros serão anos de constante declínio, marcados por uma instabilidade crescente. Como afirma Truman Capote, "a vida é uma peça razoavelmente boa com um terceiro ato muito mal escrito". Sem a grande interrupção que a morte representa, estaríamos tão desesperados e amaldiçoados quanto Sibila. Olhando as coisas pelo lado positivo, poderíamos dizer que a morte é um afortunado alívio das mazelas da decrepitude. Dentro do possível, ela é uma forma de misericórdia, um mecanismo automático que, bem no momento em que nos tornamos inviáveis, nos livra de nossa miséria. Morte: se não a guia que nos conduz ao infinito, ao menos aquela que nos afasta da enfermidade.

Em terceiro lugar, temos a pesquisa da MacArthur Foundation Research Network, que afirma que talvez seja um mito a ideia de que a vida na terceira idade se deteriore com rapidez. É possível que jamais superemos a necessidade existencial da morte, mas, com uma alimentação adequada, exercícios e uma mentalidade otimista, poderíamos enfrentar a contagem regressiva em ótimas condições. Até mesmo a amargura de Sibila poderia ser reduzida, com sua amaldiçoada longevidade reinterpretada como algo que, em vez de se afastar irrevogavelmente da juventude eterna, realiza uma aceitável imitação dela. A velhice não precisa representar um passe para a sala de espera divina, e nisso está implícita uma concepção alternativa da morte. Em vez de interpretar o ato de envelhecer como o obscurecimento contínuo de uma luz que se dissolverá sutilmente no negrume que a circunda – tal como as sinalizações sonoras de um avião que aos poucos se afasta no céu noturno –, poderíamos conceber uma transição muito mais abrupta, mas também mais vigorosa: a vida vivida ao máximo até que a morte a acerte com um golpe repentino e catastrófico. Temos aqui a mesma diferença entre um interruptor que controla a intensidade da luz e uma lâmpada de flash: o primeiro faz a luminosidade desvanecer, enquanto a outra passa de um esplendor quase clínico a uma interrupção não anunciada.

Por fim, a lenda de Sibila envia mensagens abertamente mescladas acerca da ligação entre a idade e a sabedoria. Por ser uma sibila, uma verdadeira vidente, ela possuía aquele dom da profecia que está na alçada dos sábios. Ainda assim, ela não foi sábia o suficiente para profetizar seu futuro ou para perceber que a oferta de Apolo poderia se tornar uma terrível armadilha. Isso resulta em sua condenação ao envelhecimento interminável – em algum lugar do mundo ela ainda deve estar viva hoje, tão diminuta e friável quanto uma barata após uma bomba nuclear –, destino que a faz parecer tão tola quanto o menos sábio dos homens. Uma vez na posição desesperadora em que a encontramos, ela alcança um segundo nível de sabedoria, obtido tanto por meio da observação do passado quanto por meio da velhice propriamente dita. Trata-se da sabedoria da experiência (amarga) e da sensação de que a verdadeira sabedoria não pode ser obtida sem algum sofrimento prévio. Em outras palavras, ficar mais sábio à medida que se envelhece não é algo que ocorre apenas naturalmente: a sabedoria deriva da dor e do fracasso. Quanto mais você vive, mais dores e fracassos suportará e mais sabedoria adquirirá, em proporção direta. Você não pode ser sábio sem sofrer.

Do mesmo modo, você não pode ser sábio sem recordar-se, e é precisamente a questão da memória – que só fica atrás da questão da morte – o que ganha enorme importância nos anos derradeiros. Colocando o problema como um aparente paradoxo, a velhice envolve a liquidação da memória e a proliferação das memórias.

Cada vez mais afetada pela diferente eficácia das lembranças mais antigas e das lembranças mais novas, a terceira idade envolve uma desvinculação com o presente que assume a aparência do desapego. No entanto, seria mais justo dizer que o apego desloca seu foco para o passado. Afinal, quanto mais velho fica, mais coisas você tem sobre as quais refletir e, proporcionalmente, menos espaço mental provavelmente terá para questões atuais – embora isso pressuponha que o cérebro é uma realidade mais fixa do que realmente deve ser, dada a nossa enorme capacidade de aprendizado. Mas o que exatamente vem a ser a memória?

A memória é a outra fonte exigida pela sabedoria. A verdadeira sabedoria demanda a conversão da experiência evocada pela memória em constatações, e, nesse aspecto, ela ainda é para nós aquilo que era para Platão e Aristóteles. Segundo eles, poderíamos distinguir o aprendizado que vem do dia a dia e que nos permite repetir uma série de informações do aprendizado mais profundo, que penetra a mente e pode tornar as pessoas verdadeiramente sábias. Como já afirmei no capítulo dedicado às provas, é possível se preparar bem para o dia do exame sem que se recorde nada após a sua realização, o que impede que os dados assimilados se transformem em sabedoria. Essa é a memória superficial, evanescente. Como consequência, no processo de envelhecimento, nós ficamos praticamente fadados à sapiência, pois só teremos retido aquilo que invadiu as regiões mais profundas da mente, e não o que foi descarregado pelo cérebro na hora de enfrentar desafios imediatos como as provas.

Essa teoria parece sensata, mas, em nossa vida tardia, nós não rememoramos apenas os acontecimentos importantes da vida pública e privada – dos divórcios aos desastres, dos romances aos assassinatos –, mas também os incidentes mais triviais de nossa juventude. "A memória é como um cão que se deita onde mais lhe agrada", diz o escritor holandês Cees Nooteboom. Essas lembranças podem incluir a placa do carro de um amigo, a marca do perfume usado por uma tia ou a palavra com que determinada língua designa a maçã. Nós não nos atemos simplesmente ao que é importante, e muitas vezes aquilo que sequer estávamos tentando lembrar gruda em nossa cabeça com mais persistência do que os incidentes grandiosos que nos esforçamos para aprisionar na mente, como o nome de um primo de segundo grau ou a senha de uma conta bancária. Como explicar essa impressionante inconsistência?

Bem, se Freud está certo e a memória de fato é uma tábua de cera ingenuamente inclinada para o mundo, tudo pode estampá-la. Ela funciona de acordo com o que ele chamou de "atenção uniformemente suspensa". Desse modo, a receita de ovos beneditinos adquire uma importância igual ou maior do que a data de seu aniversário de casamento. É claro que, se nos perguntassem, diríamos prontamente que é mais importante recordar o aniversário, mas nossa memória não parece dotada da mesma capacidade de julgamento. O grande momento da semana passada foi, digamos, a reunião que você teve com seu consultor financeiro, que recomendou que determinada percentagem de sua poupança fosse colocada num fundo específico; no entanto, você agora só consegue se lembrar da estampa da gravata dele. Às vezes, isso faz com que nos recordemos de algo crucial, mas muitas vezes não. A memória parece ser um juiz inábil do que realmente importa.

A conclusão disso tudo não pode ser outra senão a de que a memória é subjetiva. Até mesmo o seu consultor financeiro registrará a reunião de outra forma: enquanto você se lembra da gravata dele, ele é incapaz de esquecer o cheiro que saiu de seu corredor quando você abriu a porta. Qual seria a explicação para isso? E por que uma série de lembranças da adolescência continua voltando à nossa mente enquanto envelhecemos? Uma explicação parcial encontra-se no conceito psicanalítico de "catexia", proposto por Freud um pouco depois. Durante a maior parte do tempo, nós andamos pelo mundo envoltos numa invisível nuvem de "energia irrestrita". Essa energia não é diferente da energia erótica, pois é também um desejo livre que ainda não encontrou escape. Isso não quer dizer que estejamos buscando ativamente uma gratificação sexual, e sim que vivemos num estado de devaneio, de leve desapego ou até mesmo tédio, isto é, prontos para ser arrebatados. Afinal, é impossível ser dominado ou interpelado por algo novo quando se está previamente ocupado. Nesse estado miasmático, nós subitamente nos agarramos ao rosto de alguém, ao som de um piano ou à corrida de um cachorro, destinando toda aquela energia irrestrita a isso. Agora nós temos um centro que recebe a nossa catexia e no qual, portanto, investimos.

Ainda que seja assim que a catexia funcione e que seja por causa dela que tenhamos um conjunto de lembranças extremamente peculiar, ela não responde por que essa colcha de retalhos é formada pela casa de sua avó ou por que aquele garoto que você conheceu numa de suas férias continua retornando. Eu já pude afirmar que esse processo não está livre de erotismo, e a verdade é que, ao menos na psicanálise, essas lembranças agudas representam a forma deslocada de algo diretamente sexual. Essa colcha de retalhos carrega uma ligação subliminar com uma peça de roupa íntima, com o menino fisicamente desejado. Nossos momentos marcantes mais persistentes, aqueles que retornam até mesmo na parte final de nossa vida, são experiências que, em sua origem, estiveram atreladas a um sentimento explicitamente erótico. Poderíamos pensar que a terceira idade se caracteriza pela diminuição da libido, mas, ainda que nessas formas altamente refratadas, essa "energia" persiste. Segundo Freud, afinal, a "libido" não é uma energia destinada apenas ao sexo, mas à vida de modo mais amplo.

No entanto, você não precisa acreditar nos aspectos eróticos da catexia para notar sua peculiar capacidade de esclarecer acontecimentos aparentemente arbitrários e de conferir-lhes uma persistência imediata – a exemplo de Apolo concedendo a imortalidade a Sibila. O exemplo mais famoso disso deve ser aquele que se encontra em *Em busca do tempo perdido*, de Proust, no qual a mera mordida numa *madeleine* transporta o autor ao mundo de sua juventude. Todas aquelas lembranças discrepantes são encurraladas de um só golpe para que ele as enumere e explore num ócio ininterrupto. Por fim, o protagonista Marcel se encontra em condições de refletir sobre a velhice em si. Ele vai a uma festa e ganha a companhia de muitos dos personagens que haviam povoado anteriormente o seu vasto tecido narrativo e que, sem saber, incitam suas reflexões.

A primeira dessas reflexões afirma que "o fenômeno da velhice parecia [...] levar em consideração certos costumes sociais". O que isso significa? Proust fala sobre o nobre que termina como os camponeses que aravam suas terras. À medida que é impossível opor-lhe resistência – independentemente da criação que você recebe –, o tempo é um grande nivelador; o que Proust quer dizer, porém, é que a própria fisionomia das classes – a fronte ou o nariz alto da nobreza – pode ser afetada, levando os senhores a se assemelharem aos escravos que um dia comandaram. Quanto mais velhos ficamos, mais parecemos com as pessoas a que estamos vinculados, independentemente do quão elegantes sejamos.

Em seguida, Proust pondera que, nessa festa de envelhecidos, há ausências notáveis. E, em virtude não dos compromissos políticos ou sociais que antes os haviam conduzido a outras partes, mas do encontro marcado com a morte, o não comparecimento desses amigos funciona como um relógio que tiquetaqueia para os que lá se encontram. Ele fala sobre aqueles que estão doentes demais para ir, e quando estes, em seus leitos, são comparados aos que estão cobertos com seus "mantos mortuários", fica claro que eles jamais serão vistos de novo por quem está presente. Essa ausência física evoca o exílio metafísico que logo os definirá e reterá para sempre.

Perto dali, desfilam damas de certa idade, acompanhadas da controversa questão de sua fisionomia. Proust formula três categorias, inserindo na mais abrangente aquelas mulheres que redefiniram seus rostos de acordo com uma nova característica – a exemplo de um vinhedo, diz ele, que passa a ser utilizado para beterrabas. Antes enfatizado e agora murcho, aquele traço central do rosto – uma boca encorpada, por exemplo – é minimizado em favor de uma bochecha ainda rubicunda. Através dessa pragmática reparação, certa atratividade ainda pode ser alcançada. No entanto, as coisas são piores para as mulheres que povoam as outras duas categorias: as feias e as belas. Das belas, ele diz que tudo o que lhes resta na velhice é esmigalhar-se como uma estátua, uma vez que sua beleza lhes fora tão rígida quanto um bloco de mármore. Como destino, esse é, na verdade, pior do que o das feias, que ao menos podem ser reconhecidas de imediato. "A velhice é algo humano", diz ele, mas, "como monstros, elas não pareciam ter 'mudado', tal como não mudam as baleias." Em seguida, o narrador passa a falar sobre as convidadas que não pareciam ter envelhecido, mas logo percebe que isso não passa de uma ilusão. Assim que ele se aproxima, as peles aparentemente macias dão lugar ao que parece ser "a superfície de uma planta, ou de uma gota d'água ou sangue, vista por um microscópio".

Ao longo desse catálogo de velhas encarquilhadas, é a própria mistura de fascínio e repulsa o que torna o texto de Proust tão sedutor. O que talvez o impeça, porém, de sucumbir numa mera galeria de coisas grotescas é a ponderação seminal do romance, isto é, a de que a idade nos leva não só a perceber as mudanças causadas pelo tempo – como se inspecionássemos um antigo afresco –, mas também a ver as coisas de outra forma. Proust fica maravilhado ao sentir-se completamente sereno na companhia de um inimigo que costumava suscitar nele a mais profunda cólera. A moral, aí, é a de que, apesar do horror gótico instigado pela decadência e pela deformação fisiológica que acompanham o processo de envelhecimento, as mudanças mais significativas ocorrem no interior.

No capítulo sobre a primeira eleição, eu falei sobre o desassossego semideclarado que pode surgir quando, ao envelhecer, você muda seu voto: em geral, suas perspectivas se tornam mais conservadoras. Ainda que você troque a direita pela esquerda, uma autoalienação semelhante pode ter lugar: serei eu realmente a mesma pessoa que votou em Fulano quando estava com 18 anos? Se comparada a essa enorme jornada pelos continentes da própria sensibilidade, a mudança física pode parecer trivial. Existem pessoas que começam generosas e terminam amargas, e talvez até o contrário. Aqueles que eram extremamente confiantes se tornam subservientes. Indivíduos teatrais viram, com o tempo, introvertidos. Nesses casos, falar sobre um "eu" parece inadequado; é como se apenas refletíssemos as circunstâncias externas nas quais nos encontramos.

Infelizmente, é mais difícil medir as alterações interiores. Por mais que o espelho nos ofereça registros diários sobre o rareamento de nossos cabelos e o aumento de nossas cinturas, não possuímos uma versão psicológica dele. É aí que entram os amigos: o ideal seria que sempre perguntássemos a eles qual a impressão que estamos causando. Afinal, nós mesmos os avaliamos silenciosamente. Saia para jantar com alguém que você não vê há algum tempo e você perceberá imediatamente como o estado psíquico dele mudou desde a última vez. Essa é uma informação preciosa, mas raramente partilhada.

O problema é que Proust está dizendo algo diferente. Com a idade, olhar para o mundo nos propicia uma série de novos (e metafóricos) espetáculos, por mais que nossa própria visão esteja falhando. Para sentir-se jovem, você não precisa da juventude, e sim de um novo ponto de vista – afinal, é a perspectiva que tem a primazia. Bastam duas décadas desde o nascimento para que aquela perspectiva luminosa, aquele espanto perceptivo diante do que está ao seu redor, comece a desbotar. Em geral, essa renovação dos sentidos só acontece depois de um trauma ou de uma prolongada estadia num país estrangeiro, mas também pode ser obtida por meio de incrementos – a leitura de romances, sobretudo aquele de Proust, ajuda a modificar o aspecto do mundo. Poder dizer "Eu nunca tinha visto isso dessa forma" equivale a ter parte de sua vida redimida. Essa experiência pode não estar restrita aos mais velhos, mas ao menos eles têm a vantagem de se sentir relativamente mais novos – ou seja, eles recuperam mais tempo.

O mesmo se aplica ao eu. Enquanto seus dentes amarelam cada vez mais e sua espinha continua a ser comprimida, tudo o que você precisa é olhar para você mesmo com novos (e mais uma vez metafóricos) olhos. Você certamente poderia se encarar no espelho toda manhã com um desespero delicado e irreversível, o que só pioraria gradualmente as coisas. Porém, também lhe é possível esquecer, ou até comemorar, essas mudanças circunstanciais, concebendo-as menos como uma entropia inexorável do que como um processo gradual, e até mesmo magnífico, de reconfiguração. O problema é que talvez seja mais fácil falar do que fazer: nas culturas ocidentais que exaltam a juventude, a idade se tornou uma inconveniência jogada às margens. No entanto, como essas mesmas culturas estão envelhecendo rapidamente, essas próprias margens logo se tornarão predominantes. Desse modo, a não ser que nos contentemos em fomentar um espírito mais amplo de autorrepulsa, a visão que temos da idade terá de se tornar mais branda. E essas não são apenas mudanças de perspectiva. Como deixa claro a própria concisão da obra de Proust, basta apenas que olhemos para dentro de nossa própria mente para que mundos infinitos se abram. Nossa pele pode estar corroída como a superfície da lua, mas nossa paisagem interior, aquela que contém tanto o longo passado que carregamos quanto o presente – sem falar em todo o continente da imaginação –, é mais ampla do que o mundo aí fora. À medida que você encolhe fisicamente, o universo dentro de sua cabeça ainda pode crescer.

Assim, para contrabalançar esse preconceito, entreguemos a palavra final ao grande poeta e crítico literário inglês William Empson. Se apenas os jovens parecem ter direito a um lugar ao sol, que assim seja. A lua é mais bela, pairando em sua pálida frieza como uma adequada cápsula de velhice. Desse modo, Empson inicia o poema "To an Old Lady" [Para uma velha senhora]:

> Maturidade é tudo; ela, em seu frio
> Mundo, venera; não a julgues destruída.

A velha senhora é tanto a lua quanto a idosa que com ela se parece. Embora possamos conceber o envelhecimento como uma dessecação semelhante à que acometeu Sibila, Empson aponta para uma plenitude perpétua. Por isso é que ele cita o verso de Shakespeare que diz que a "maturidade é tudo". Embora seu mundo possa ser frio, ela não deve ser ridicularizada, mas venerada. A expressão "frio mundo" carrega consigo um assombro frágil e argentado, muito menos ofuscante do que o espanto causado pelo sol quente. A idade pode ser periodicamente eclipsada pelo mundo, mas, embora não resista para sempre, em sua capacidade de fazê-lo, ela conserva uma dignidade que não pode ser negada. Por isso, "não a julgues destruída". Por mais delicada que pareça, a lua segue despontando.

19
Indo embora com estilo

NA DISTINÇÃO ENTRE A biografia e a autobiografia, a característica que dá a palavra final certamente deve ser o fato de a primeira tratar da vida de outra pessoa enquanto a segunda fala da sua. Isso não significa que os biógrafos não sejam rotineiramente acusados de inserir um pouco de si em seus trabalhos e, assim, autobiografar a biografia, comprometendo o ponto de vista objetivo da obra; de qualquer forma, os dois gêneros ainda permanecem distintos. Tão óbvio quanto é o fato de a autobiografia só poder ser escrita por uma pessoa específica, ao contrário da biografia, que estende seus direitos redacionais a todo mundo. Mais uma vez, você poderia se opor: os autobiógrafos menos instruídos às vezes recorrem a outros escritores, pluralizando assim a voz autoral. No entanto, esse *ghost-writer* em geral faz o possível para se esvair e fortalecer, desse jeito, a singular autorreflexão do autobiógrafo.

Muitas vezes negligenciada, porém, é a fissura mais profunda que separa essas duas formas literárias e que as define de maneira igualmente decisiva. Enquanto a biografia pode remeter à morte de seu objeto, o mesmo não acontece com a autobiografia. Claro, muitas biografias são compostas enquanto o biografado ainda respira, mas isso é só questão de tempo. Se o tema vivo morrer durante a redação da obra, em princípio não haveria problema algum em acrescentar um capítulo *post mortem*. Isso não pode, porém, ser aplicado à autobiografia: a morte do autor é o fim do texto. Ele pode escrever até seu último suspiro, mas, quando a vida se vai, também o projeto autobiográfico termina. Fim. Será que não estaria subentendido aí que é impossível escrever uma autobiografia propriamente dita? Talvez. Sempre há algo que pode ser acrescentado ao texto, independentemente do quão próximo à morte ele se encontre. Porém, se a morte não pode ser incluída na história de sua própria vida, que tipo de autobiografia é essa? Ela não é apenas menos objetiva do que a biografia, mas também menos completa. Apesar disso, vemos implícito nesse pensamento o pressuposto de que a morte faz parte da vida, algo que se deve em parte às próprias biografias. O biógrafo de um falecido se sente na obrigação de descrever sua morte, enquanto nós mesmos, os leitores, nos acostumamos a esperar esses comentários finais como se eles fossem um arremate necessário. Sem eles, a biografia parece uma frase sem ponto final.

Isso nos deixa incomodados, não deixa? Como descrevi no capítulo 1, a vida pede um final. Só que, quando o assunto é a morte, nós, paradoxalmente, não a vivenciamos. Sendo você um autobiógrafo ou não, a experiência de morrer não é experiência alguma pelo simples fato de que a morte assinala o fim de toda e qualquer experiência. Tudo é experiência até o momento da morte, que, por definição, jamais transgride os limites da vida no mundo. Seu último suspiro e sua extrema unção podem estar ainda no campo da experiência, mas a morte só tem início mesmo quando você e esses arremates cessam. Isso pressupõe, claro, que a "morte" deve ser diferenciada daquilo que ela parece ser nos filmes – o último bruxuleio luminoso, o último instante de respiração. Assim, falar de uma "hora" da morte e, principalmente, de um "túnel" é cair numa imprecisão excessiva. O que há é a vida seguida pela não vida, sem qualquer transição e sem qualquer possibilidade de o sujeito em questão testemunhar o contraste.

O fato de a morte poder ser observada por todos, menos por sua vítima, não é a única coisa que diferencia a pessoa agonizante daquelas que a observam. Assim como uma autobiografia não pode ser completamente terceirizada com a ajuda dos *ghost-*

writers, também a morte permanece tão intransferível quanto a sombra do morto. Por mais tentador que seja, você não pode nem fazer com que alguém morra no seu lugar, nem morrer no lugar de alguém. Embora o pai possa dizer que se sacrificaria para salvar seu filho, ainda é a morte dele que ele deve encarar. Assim, não sejamos imprecisos também acerca da noção de sacrifício! Em prol de outra pessoa, você talvez até concorde em perder a vida, mas poderá muito bem hesitar antes de assumir para si a morte dela, em especial se essa for uma morte pavorosa.

Quando se trata da morte, ninguém pode tomar o seu lugar ou lhe fazer companhia, e talvez seja por isso que ela represente o marco definitivo – em ambos os sentidos. Essa é uma verdade solene que "Lonesome Valley", velho blues religioso do sul dos Estados Unidos, captou muito bem:

> You gotta go to the lonesome valley
> You gotta go there by yo'self,
> Nobody else can go for you.*

Nos nanossegundos finais de sua existência, você poderá até estar bem acompanhado, mas, quando as luzes se apagarem e for hora de encarar o que virá pela frente, só restará você. A morte não significa nada senão deixar os outros para trás.

É desnecessário dizer que o vale da canção faz referência e adapta o famoso Salmo 23: "Ainda que atravesse o vale escuro da morte, eu nada temerei, pois estais comigo [...]." Em virtude da completa solitude dessa transição, não surpreende muito nem que busquemos conforto num Senhor que assume o ofício do pastor, nem que as pessoas muitas vezes se aproximem da religião à medida que a morte se aproxima. De maneira mais precisa, o que o salmo parece dizer é que o vale escuro da morte é a sombra projetada por ela em nossa vida: nossa mortalidade exige

---

*Você tem de ir ao vale solitário,/ Você tem de ir sozinho,/ Ninguém pode fazê-lo em seu lugar. (N. da T.)

que, mesmo sob o sol do meio-dia, caminhemos na escuridão. No entanto, essa retificação pouco altera o sentimento. Sem dúvida, tanto a possibilidade quanto a inevitabilidade da morte podem ser negadas, ignoradas ou corajosamente encaradas, mas, em geral, a maioria de nós não faz nada disso e, ao olhar para o fundo do vale, poderá muito bem estender os braços em busca de alguém, principalmente se esse alguém for Deus. Como resposta a isso, muito ceticismo ainda precisa ser assimilado. Primeiro, a imagem do Deus-pastor traz Deus como uma simples personificação da nossa necessidade de consolo – uma forma magnificente de dizer que somos fracos. Embora balemos como ovelhas, não existe pastor algum. Em segundo lugar, assim como não há Deus para mimá-lo, também não há "vale". O vale nada mais é do que uma imagem, um brocado poético que visa encobrir o fato de que a vida realmente é interrompida de maneira abrupta, como um filme que não tem epílogo ou sequência. Por fim, recorrer à religião somente quando a morte vem bater à sua porta soa como uma grande escapatória ou como uma artimanha de última hora. A conversão no leito de morte realmente compensaria uma vida inteira de venialidades? Se assim for, por que nós simplesmente não ficamos na farra o dia todo e, momentos antes de bater as botas, fazemos uma ligeira expiação?

Na verdade, você não precisa escolher nem a posição pacifista do pastor celestial, nem a posição drástica que o faz esquecer de si mesmo – ou melhor, você pode optar por crer e, ainda assim, parecer bastante astuto. Apenas siga o conselho de Blaise Pascal: mesmo sendo um devoto filósofo cristão do século XVII, ele elaborou uma fórmula engenhosamente realista para a crença religiosa. Conhecida como a "aposta de Pascal", ela afirmava que as consequências das farras e da negligência de Deus seriam muito menos preferíveis do que as consequências da adesão à fé. Mas como? Se Deus de fato existe – e ninguém sabe com certeza –, passar a vida crendo nele pode garantir-lhe um lugarzinho no Céu. Sua bondade terrena encontrará justa recompensa na felicidade perpétua. No entanto, se Ele existe e você desperdiça essa vida na libertinagem de um infiel, Deus fará questão de mandá-lo para o inferno. De todas as hipóteses negativas, essa é a mais grave. No cômputo geral, portanto, levar uma vida religiosa é a melhor aposta (ou a menos pior). Caso Deus não passe de uma ficção, as piores consequências, em vez do fogo e do enxofre, serão o nada e a satisfação pessoal de ter vivido uma vida decente.

Mesclando simplicidade e malícia, essa suave lógica pascaliana deixa subentendido que a contrição no leito de morte pode vir tarde demais. A perspectiva cristã mais ortodoxa admite as súplicas de última hora, mas, em Pascal, esses momentos derradeiros da vida não oferecem nada mais do que súplicas por virtude, o que significa que você chegaria aos portões do céu com pouquíssimo valor espiritual. Não fique surpreso se são Pedro dispensá-lo desdenhosamente. De fato, essa lógica, tão difícil de ser objetada, exige que você dê início aos seus exercícios espirituais no exato momento em que toma conhecimento dela. Nesse sentido, a analogia com o dinheiro, de outro modo tão irrelevante para falar da fronteira entre o Céu e a Terra, soa ainda mais verdadeira. Quanto mais cedo você começa a poupar, melhor, dado que o retorno do investimento é potencialmente infinito. A morte é concebida como aquele caixa inescrutável, mas escrupulosamente justo, que garante que todos verão o retorno da virtude que economizaram.

O que está errado na analogia, porém, é a insinuação de que existem vários graus de júbilo celeste, como planos ascendentes de um clube. Com uma hierarquia assim, o Céu não seria tão celestial. Isso evoca a dúbia seletividade proposta por partes menos predominantes da Igreja, como as Testemunhas de Jeová, os Promise Keepers e os cientologistas – os quais, de formas que imitam ou inspiram a política da extrema direita, pregam a visão de um reino de Deus que tem lugar apenas para poucos. No entanto, essa hierarquia também reforça a noção da morte como dia do juízo, e, apesar de toda a subjetividade de Pascal, existe algo de absoluto nisso que ele provavelmente ratificaria. Sim, nós podemos avaliar nossas vidas *en passant*, e de fato haverá muitos marcos – este livro descreve a maioria – que estimularão essa análise. Contudo, assim como a biografia só se completa ao assimilar a vida que descreve, também a avaliação individual só alcança sua robustez adequada quando, como num processo legal, o caso é encerrado. Isso sem falar no fato de que o legado do falecido, manifeste-se ele por meio de filhos ou de obras, continuará a influenciar-lhes após a morte. Mas quais são os critérios para esse exame? Quando o assunto é autoavaliação, nós sem dúvida empregaremos técnicas semelhantes; independentemente do quão diversas tenham sido as nossas vidas, seu termo nos oferece um conjunto altamente genérico de descritores. Você foi bom ou mau? Afável ou perverso? Um sucesso ou um fracasso? Por mais convencionais que pareçam, essas medidas nos ajudam a destacar o que é de fato importante. A diferença é que, enquanto a biografia ou o obituário – seu irmão mais novo – se concentram no que é relevante para quem é de fora, a análise pessoal de você mesmo quase sempre lançará luz às emoções. Não serão tanto as suas façanhas – o cargo importante, o prêmio recebido – que virão à tona, mas seus amores e perdas.

Tudo isso nós sabemos sobretudo por causa do luto, o outro meio com que nos acostumamos à morte antes de chegar a nossa vez de encará-la. É claro que, como afirmou Sêneca, é impossível ensaiar a própria morte antes de realmente morrer, uma vez que o fazer seria falecer propriamente dito; no entanto, a morte dos outros nos oferece algumas informações. Quando ficamos de luto por alguém, não é porque esse alguém fora um exímio tocador de trompa, se formara *magna cum laude* em Harvard ou ganhara a maratona de Tóquio. O luto não poderia estar menos relacionado a esse tipo de avaliação; o ser enlutado e o biógrafo representam espécies completamente diversas. A morte causa dor, uma sensação que inevitavelmente infligiremos aos nossos entes queridos e que, ironicamente, deixaremos de sofrer.

"Dor", porém, é uma palavra insípida demais para representar as nuances do processo por que passa o luto. Esse processo foi decomposto em fases distintas no seminal *Sobre a morte e o morrer*, livro de 1969 escrito pela psiquiatra suíça Elisabeth Kübler-Ross. Os estágios são cinco no total:

1. Negação
2. Cólera
3. Negociação
4. Depressão
5. Aceitação

Com exceção da "negociação", todos os itens falam por si só. Quando alguém querido morre, você finge que nada aconteceu, em seguida se irrita com o fato, se entrega a uma tristeza profunda e, por fim, se conforma. A negociação é a etapa que destoa porque pertence mais àqueles que estão morrendo do que àqueles que ficarão de luto. Dito isso, mesmo depois de alguém ter falecido, você pode negociar com Deus o retorno dele, oferecendo a sua vida em troca.

Foi trabalhando com pacientes terminais em hospitais norte-americanos que Kübler-Ross desenvolveu o modelo original de seus "cinco estágios psicológicos da morte" — ou seja, tratava-se antes de abordar a própria morte, e não a morte dos outros. Entre outras coisas, ela notou que, à medida que a morte se aproximava, as pessoas concebiam algumas apostas, não tão diferentes daquela de Pascal, que pudessem permitir-lhes viver um pouco mais – apostas como "Acreditarei em Deus se você me deixar viver" ou "Aceitarei mais dores, mas não me deixe partir"... Obviamente, também é possível recorrer a negociações semelhantes em prol de outra pessoa: "Por favor, não os deixe morrer. Faço qualquer coisa!" O modelo claramente se presta a vários usos, e, embora Kübler-Ross percebesse que determinada fase às vezes era suprimida ou se sobrepunha a outra, a ideia das emoções que seguem uma curva mutável se arraigou na consciência popular.

Veja *A liberdade é azul*, filme de 1993 dirigido pelo polonês Krzysztof Kies´ lowski e estrelado por Juliette Binoche, cuja personagem sobrevive ao acidente de carro que matou seu marido e sua filha. Quando, no hospital, se restabelece e se dá conta de sua perda, ela tenta tirar a própria vida. Isso, se você preferir, é uma forma de "negação", mas uma forma de negação tão extrema, que, na verdade, se torna seu oposto: é exatamente por aceitar de maneira tão clara a realidade das duas mortes, por notar de modo tão incisivo o horror e o desespero que essa perda causa, que ela recorre a uma solução derradeira. Sem a sua família, a vida da personagem perdera todo o sentido, e, assim, ao matar-se, ela, na verdade, não estaria matando nada: também ela morrera no acidente. No contexto das fases do luto, isso poderia constituir um marco zero que precederia até mesmo a negação. Por outro lado, temos aí uma negação verdadeira porque, se também ela morrer, será como se seu marido e sua filha não tivessem falecido.

Antes que isso aconteça, porém, a personagem passa para uma nova fase, mas ainda assim vale a pena dedicar um parágrafo a essa pesarosa questão do suicídio. Neste momento, você está lendo o último capítulo desta obra, que coloca o tema da morte após marcos como o casamento e a mudança para uma nova casa. Desse modo, a morte de que trato é aquela que se dá ao fim de uma vida longa, mas é possível que ela ocorra, claro, muito antes, seja por acaso ou de propósito. Nós, em geral, supomos que a nossa morte está fora de nosso controle, que ela acontecerá num momento indefinido, mas a verdade é que ela está, sim, em nossas mãos. Ou melhor: está em nossas mãos a possibilidade de suscitá-la. Nós jamais poderemos afastá-la por completo porque, como o marido e a filha do filme, nossas vidas continuam à mercê de acidentes fatais que surgem do nada e que nos privam do futuro que estivéramos esperando nebulosamente. O suicídio corta caminho, pega um atalho. Ele assume o controle do tempo, tornando certa a incerteza da morte. Reconhecendo ter, como todos nós, esse poder à sua disposição, a personagem de Binoche opta por utilizá-lo. No entanto, ao oferecer um atalho para além da vida, também pode ser o caso de o suicídio dela representar menos uma tentativa de fuga do que de união – isto é, uma tentativa de reunir-se com sua família do outro lado.

Incapaz de fazê-lo, ela então passa para a próxima de uma longa série de fases que figuram e não figuram na lista de Kübler-Ross. Uma delas envolve o despojamento de todos os seus bens mundanos; outra, um caso apaixonado que, em vez de trair a memória de seu marido, acaba por honrá-la de maneira esquisita, e isso exatamente por ser uma forma de luto, um modo de lidar com a perda. O fato é que, ao morrermos, liberamos uma série de ondas através do sistema emocional a que até então pertencíamos. Nós continuamos a afetar aqueles que permanecem vivos, distorcendo o comportamento deles e, de uma forma nada sobrenatural, assombrando-os. Nós podemos até falecer, mas, por uma ou duas gerações, continuaremos a viver no coração e na mente dos vivos.

Em outras palavras, a morte pode ser abrupta – ela pode ser aquela mudança instantânea da vida para a não vida –, mas, quando esse instante cessa, nossas vidas são espectralmente refratadas na vida daqueles que ainda precisam vivenciar seu último instante. De acordo com essa perspectiva, seria mais adequado descrever os grandes estágios da alma não a partir da dupla "vida e morte", mas da trindade "vida, assombração e morte". Apenas quando nossos descendentes tiverem nos esquecido por completo é que finalmente faleceremos. A morte só nos acomete mais ou menos um século após a morte, o que nos dá bastante tempo – uma existência inteira, na realidade – para nos acostumarmos com ela.

Talvez isso reduza um pouco da pungência da morte. Nós abandonamos a vida ao mesmo tempo em que, ao morrer, transmitimos essa mesma vida – ou imagens dela – à memória daqueles que se importam conosco. Assim, a morte se torna o subsistema da vida, e não seu adversário. Esse é um pensamento que podemos fundamentar com a ajuda de Arthur Schopenhauer, o grande – e bastante negligenciado – filósofo do século XIX. Ele afirmou que o mundo inteiro – os mundos animal, mineral e vegetal – é animado por um esforço, ou "vontade", fundamental (uma vontade que inspirou as ideias de Nietzsche que explorei ao falar da crise da meia-idade). Cada ser, seja ele homem ou árvore, deseja afirmar e prolongar seu ser-no-mundo. Existe uma energia que vivifica a árvore ou o homem e que persiste mesmo depois de eles terem morrido. É ela que anima a próxima geração de árvores ou de pessoas, e isso de tal modo, que a expiração de um deles parece insignificante ao lado desse movimento mais amplo e perpétuo.

Coloque isso no contexto da vida e da morte humanas e você verá que a morte de alguém quase não terá impacto sobre a continuidade da vontade de vida (ou "Vida"). E não é só isso: a morte também permite que essa vontade se renove ou regenere. Se, como Sibila do capítulo anterior, tivéssemos de viver perpetuamente, teríamos de experimentar também uma degradação inevitável. A morte permite que a vida se reinicie. Sim, isso de fato é horrível para o indivíduo – que realmente precisa morrer –, mas, do ponto de vista da vida, é bastante miraculoso. A morte está a serviço da vitalidade, prostrando-se diante da "vontade" geral que representa o impulso mais profundo do mundo. Isso nos ajuda até mesmo a explicar por que existe algo em vez do nada: o universo não precisava existir, e assim deve ter havido alguma coisa que não era neutra – algo afirmativo e egoísta – para dar o pontapé inicial. Dessa maneira, o termo "vontade" pode não ser tão inexato.

Tudo isso livra a morte de parte da tragicidade que muitas vezes atribuímos a ela, concedendo à ideia do "ir embora com estilo" certa credibilidade genuína. Como a nossa saída permite a entrada de outros, podemos nutrir a sensação de que não vivemos à toa, de que o espírito animador foi passado adiante como uma tocha. Existe um quê de generosidade nessa realidade, e não há razão para que isso não seja traduzido na prática durante os nossos últimos dias de vida. Você pode morrer reclamão, encarquilhado e amargo, mas também pode fazê-lo reconhecendo que desfrutou do dom da vida e que agora o está passando adiante. Isso o deixa livre para morrer bem – e essa é uma ideia com que, no Ocidente, não estamos tão familiarizados quanto os orientais. Ao adotarmos uma arte de viver, tendemos a deixar a morte para o último momento, como se ela cuidasse de si mesma. No entanto, essa crença talvez acabe por desrespeitar o dever, que possivelmente temos, de agonizar com destreza.

Basta olharmos para o *Livro tibetano dos mortos* para perceber que outras culturas tratam a morte como um teste equivalente e que a arte de viver se resume, em parte, a preparar-se para seu termo. Isso pode incluir técnicas específicas, como a do "sonho luzente", aqueles devaneios que podemos suscitar na alvorada e que supostamente antecipam os estados alucinatórios experimentados em toda transição (caso haja uma, a despeito de meus comentários anteriores) da vida para a morte. Se pudermos colocar esse hábito em prática, estaremos mais preparados, nesse momento de crise pós-existencial, para os perigos que podem surpreender-nos.

Afinal, o processo da morte nos torna vulneráveis. A passagem deste mundo para a vida no além pode mostrar-se repleta de medos, e para perceber isso basta que visitemos aqueles túmulos reais que enfeitam seus moradores com armaduras e tesouros passíveis de serem utilizados ao longo dessa jornada. Mesmo se tivermos vivido uma boa vida, é possível que algo nos desvie do caminho e, assim, jamais alcancemos nosso destino sagrado. Eu comecei este livro falando da vida como uma viagem, mas não é inconcebível – afinal, ninguém que está vivo tem como prová-lo – que também a morte exija uma passagem. Talvez ela não envolva uma escolha tão radical ou dramática quanto aquela entre o Céu e o inferno, mas pode ser que ainda assim o caminho para nosso local de descanso seja bifurcado. De fato, as rotas e os destinos podem ser multiformes. Nesse caso, refletir sobre a morte talvez seja uma parte menos gratuita e mais essencial da vida. E quem ousaria contradizer a afirmação de Montaigne, para quem filosofar é aprender a morrer? Como explica ele:

> Isso porque o estudo e a contemplação de alguma forma afastam as nossas almas de nós mesmos, mantendo-as ocupadas longe do corpo num estado que se assemelha à morte e que forma uma espécie de representação dela; ou então porque toda sabedoria e todo raciocínio do mundo acabam por se resumir a uma única conclusão, que nos ensina a não ter medo de morrer.

A vida futura

Existem três mortes. A primeira acontece quando seu corpo deixa de funcionar. A segunda, quando ele é depositado na cova. A terceira, naquele momento futuro em que seu nome é pronunciado pela última vez.

Essa é uma citação de *Sum: Forty Tales from the Afterlives* [Sum: quarenta histórias da vida após a morte], livro escrito por David Eagleman que traz exatamente o que promete na capa: quarenta descrições da "vida" que há depois da visita do Anjo da Morte. O fato de ali haver quarenta relatos não importa; poderiam ser cinquenta, oitenta ou oito mil. Quando se trata da vida futura, não há limites para a nossa imaginação, e isso precisamente porque ela se encontra do outro lado da vida, fora de nossa experiência empírica. Ninguém esteve lá e voltou com um registro que acabou corroborado, e portanto a imaginação é a *única* forma que temos de compreendê-la. Ainda que não exista em qualquer outro lugar, a vida futura se encontra naquela área de nosso cérebro dedicada à especulação e à crença. A vida após a morte vive em nosso interior. De certa forma, ela é uma obra de ficção não muito diferente do livro de Eagleman. Isso não quer dizer que não exista uma vida após a morte verdadeira, e sim que, ao falarmos dela, só podemos falar de algo que elaboramos para representá-la.

Esse faz de conta é muitas vezes concebido de uma dessas duas formas: ou a vida após a morte é o destino final do ser humano que morreu, como um Céu ou um inferno, ou é uma fase de transição entre encarnações. Em ambos os casos, não é o homem que habita a vida futura – afinal, ele está morto –, mas um substituto que assume a forma de uma alma, um espírito ou um fantasma. Dito isso, alguns teólogos cristãos falam da "ressurreição da carne", como se fôssemos acordar como nós mesmos depois de um longo cochilo. No entanto, ainda que o corpo consiga chegar ao outro lado, ele será transformado ao chegar ao domínio do divino: o corpo se tornará espiritual.

Para os ateus, isso é bobagem. A vida futura não é apenas fictícia, mas também risível. Na melhor das hipóteses, não passa de uma fantasia cujo objetivo é reconfortar-nos diante do nada que se segue à morte; na pior, de um álibi que as religiões utilizam para manipular seus seguidores. Não, nós estamos presos à Terra não somente da maneira que descrevi no capítulo sobre o ato de andar – grudados desaladamente à superfície do globo –, mas também porque nossos corpos permanecem no, ou sobre o, planeta muito depois de já termos morrido. O cadáver até emite seus gases, mas nada parecido com um espírito se precipita e se afasta dos restos mortais.

Ainda assim, a crença numa vida após a morte – e ela é sempre uma crença – pode trazer vantagens. No capítulo anterior, falei sobre a aposta de Pascal, que afirma ser melhor acreditar em Deus porque as consequências de não o fazer (o inferno) são intoleráveis. Contudo, há também a doutrina do carma, a ideia de que sua próxima vida pode ser influenciada por suas atitudes atuais – e isso pode ser compreendido também à maneira pascaliana. Partamos do pressuposto de que ninguém sabe realmente se existe uma vida futura. Se ela de fato existe e você vive uma vida imoral, na próxima você viverá na aflição. Por outro lado, se você leva uma vida moral e não há nada depois, ao menos terá desfrutado do apreço daqueles que o cercam. De acordo com esse raciocínio, vale a pena *acreditar* numa vida após a morte; afinal, não há como provar que ela não existe. Além disso, o que custa acreditar? Nós só estamos lidando com coisas intangíveis. Ironicamente, portanto, a principal função da vida após a morte tal como a imaginamos pode ter menos a ver com o que acontecerá *depois* da vida e mais com a vida que levamos aqui e agora. Na prática, isso faz com que "vida futura" passe a ser outro nome para a consciência, aquele barômetro interior com que somos equipados ao nascer e que nos guia em nossas escolhas morais. Como afirmei na Introdução, vários dos marcos pelos quais passamos – como aprender a andar, por exemplo – são, ao mesmo tempo, físicos e mais ou menos inevitáveis, exigindo, portanto, pouca ponderação moral. No entanto, muitos deles – como casar ou arrumar um emprego – não são conclusões compulsórias, e são esses ritos de passagem relativamente arbitrários que podem se aproveitar de um instrumento como a consciência. Acredite você ou não numa vida após a morte, sua consciência desempenha, no presente, o paradoxal papel de analisá-lo em retrospecto, como se refletisse sobre a sua vida depois de seu termo. Ela pergunta: "Terá sido boa essa decisão?"

Assim, embora não tenhamos indícios de uma vida futura, ela age tal qual a consciência, isto é, como uma maneira de formular questões sobre o modo como nos comportamos aqui e agora. Na realidade, isso significa que a vida após a morte também funciona como a filosofia, levando-o a refletir em tempo real sobre as implicações mais amplas de seus atos. Ao menos, é esse o modo como a filosofia vem encarando sua tarefa desde que Sócrates e Platão, seu discípulo mais famoso, começaram a investigar aquilo que Hannah Arendt mais tarde chamaria de "a condição humana". Sim, filosofar é aprender a morrer, como afirmou Montaigne, mas também é aprender a viver.

Leituras adicionais

ALTHUSSER, Louis. *Politics and History: Montesquieu, Rousseau, Marx*. Verso, 2007.
ARENDT, Hannah. *The Human Condition*. Segunda edição revisada. Chicago University Press, 1999.
BARTHES, Roland. *A Lover's Discourse*. Vintage, 2002.
BENJAMIN, Walter. *Illuminations*. Org. de Hannah Arendt. Random House, 2002.
COETZEE, J. M. *Slow Man*. Vintage, 2006.
DARWIN, Charles. *On the Origin of Species*. Org. de Gillian Beer. Oxford University Press, 2008.
DERRIDA, Jacques. *A Derrida Reader: Between the Blinds*. Org. de Peggy Kamuf. Columbia University Press, 1991.
EAGLEMAN, David. *Sum: Forty Tales from the Afterlives*. Canongate, 2009.
HEGEL, G. W. F. *The Hegel Reader*. Org. de Stephen Houlgate. Wiley-Blackwell, 1998.
HEIDEGGER, Martin. *Basic Writings*. Routledge, 2003.
HUME, David. *An Enquiry Concerning Human Understanding*. Oxford World's Classics, 2008.
JOYCE, James. *Finnegans Wake*. Penguin Classics, 2000.
KEROUAC, Jack. *On the Road*. Penguin Modern Classics, 2007.
KIERKEGAARD, Søren. *The Essential Kierkegaard*. Princeton, 2000.
KÜBLER-ROSS, Elisabeth. *On Death and Dying*. Routledge, 2008.
LANCHESTER, John. *Mr Phillips*. Faber, 2001.
LE CORBUSIER. *Towards a New Architecture*. BN Publishing, 2008.
MARX, Karl. *Karl Marx: Selected Writings*. Org. de David McLellan. Segunda edição. Oxford University Press, 2000.
MILTON, John. *The Major Works*. Oxford World's Classics, 2008.
MONTAIGNE, Michel de. *The Complete Essays*. Org. de Michael Screech. Allen Lane: The Penguin Press, 1991.
ORWELL, George. *Essays*. Penguin Classics, 2000.
PASCAL, Blaise. *Pensées and Other Writings*. Oxford World's Classics, 2008.
PHILLIPS, Adam. *On Kissing, Tickling and Being Bored*. Faber, 1993.
PLATÃO, *The Collected Dialogues*. Princeton, 1961.
RICOEUR, Paul. *Oneself as Another*. Chicago, 1994.
SARTRE, Jean-Paul. *Being and Nothingness: An Essay on Phenomenological Ontology*. Routledge, 2003.
WEBER, Max. *From Max Weber: Essays in Sociology*. Org. de H. H. Gerth. Routledge, 1991.
WOOLF, Virginia. *A Room of One's Own*. Penguin Classics, 2002.

Impressão e Acabamento:
GRÁFICA STAMPPA LTDA.
Rua João Santana, 44 - Ramos - RJ